AF391417

Le grant Routtier, Pillo-tage, & Encrage de Mer.

Tant des Parties de France, Bretaigne, Angleterre, que haultes Almaignes.

Les dangiers des Portz, Haures, Riuieres & Chenalz, des regions susdictes.

Compost ou Calendrier tresnecessaire à tous compaignons suyuans les vndes marines.

Les iugemens Dolleron, touchant le faict des Nauires.

Composé par Pierre Garcie, dict Ferrande.

A Poictiers,
Au Pelican, par Ian de Marnef.

y commence le pillotage/Routier ⁊ Encrage de la Mer:tãt
des parties de France/Bretaigne/ Angleterre/ Espaigne/
Flandres/que haultes Alemaignes/auec les dangiers des
Portz/Haures/Riuieres ⁊ chenatz des parties ⁊ regions
susdictes. Compose par moy Pierre Garcie/alias ferran
de demourant a sainct Gilles sur Vie. Suyuant les oppinions / conseil
⁊ aduis de tous les maistres eppers du noble/tressubtil/abile/ courtoys
hazardeup/dangereup art/⁊ mestier de la Mer:tant que des pillotes de
la noble Ville de Honnefleur/que Villes de Cant,Brest/Croisie/ sainct
Gilles sur Vie/Oleonne/Rochelle/⁊ tout Brouage. par lesqlz ⁊ moyen
deulp/auec la petite capacite ⁊ subtilite de mon petit engin ⁊ entendemẽt/
ay voulu entreprendre/faire ⁊ composer ce present liure. Lequel donnera
a congnoistre ⁊ scauoir comment vng chascun qui vouldra apprendre
lart ⁊ science tressubtille/⁊ quasi dtuine/du noble mestier de la Mer.
Et dicelle euiter ⁊ fuyr tous les dangiers/perilz ⁊ marees/plaines dim?
petuositez courans ⁊ Ondes bouillantes. Auec les merques ⁊ enseignes
des aultres:de tous les haures des pays susdictz. Ainsi la demonstra?
tion de laterrge des regions ⁊ coustes Despaigne/qui est chose tresdangte
reuse a ceulp qui ny ont hante par plusieurs fois.Et pour icelle terre cõ?
gnoistre ay trosse/tire/⁊ figure/par figures semblables/les caps/ poin?
ctes ⁊ montaignes/les plus apparoissantes ⁊ congnoissables de ladicte
coste Espaigne: auecques les lieues ⁊ distances desdictes choses. Et si
aucune chose ay delaisse/ie me submetz a la correction des nobles ⁊ gen?
tilz mariniers des lieup dessus nommez/esquelz me recommande.
Et a Dieu.

⫯ Pierre Garcie/alias Ferrande/a Pierre ymbett
mon fillol/ ⁊ cher amy salut perdurable.

*

Dand le considere (mon fillol ⁊ tresloyal amy) les
grans perilz ⁊ dangiers qui sont es Vndes ⁊ gouffres
marins . Lesquelz par la grace de Dieu tout puissant/
intercession /priere ⁊ oraison de la tresdigne ⁊ sacree
Vierge Marie/⁊ de madame saincte Barbe/iay euitte ⁊
fouy/⁊ dieu ie suis eschappe auec grans peines ⁊ la-
beurs. Jay voulu pour toy soubuenir ⁊ ayder a cognoistre la maniere
⁊ facon comment tu pourras euiter les grans ⁊ miserables perilz de la
Mer vehemete ⁊ composer ⁊ tenuoyer ce present liuret : lequel te demonstre
ra a congnoistre ⁊ scauoir les noms des Ventz/⁊ ryns diceulx . En pre-
supposant touteffoys que sache toy (⁊ aultre) departir la lune du soleil.
Lesquelz soleil ⁊ lune/ sont guyde ⁊ garde de tous gentilz compaignons
fluctuans ⁊ saillans parmy les Vndes innumerables de la Mer : tant en
faictz de marchandie que pescherie. Touteffois combien que le soleil ⁊ lune donnent a congnoistre ⁊ scauoir les heures : le soleil par iour ⁊ la lune par nuict.   Si ay ie voulu te donner a scauoir ⁊ congnoistre sans
veoir ny soleil ne lune: lheure de mynuict ⁊ laube du iour. ⁊ tout pourras
congnoistre en la figure sequente / sans auoyr orologe compassant heure
ou dempe/ny sans compas de nuict clere.   A Dieu.

⫯ Hensuit la figure/laquelle demonstrera congnoistre ⁊ scauoir les heures de nuict. Scauoir est la mynuict/⁊ laube du iour: sans soleil/sans compas / ⁊ sans orologe/ com passant heure ou dempe : auecques les noms ⁊
ryns des Vens/qui est chose tressubtille ⁊ necessaire pour le mestier subtil
⁊ ingenieux de la Mer.

*ii

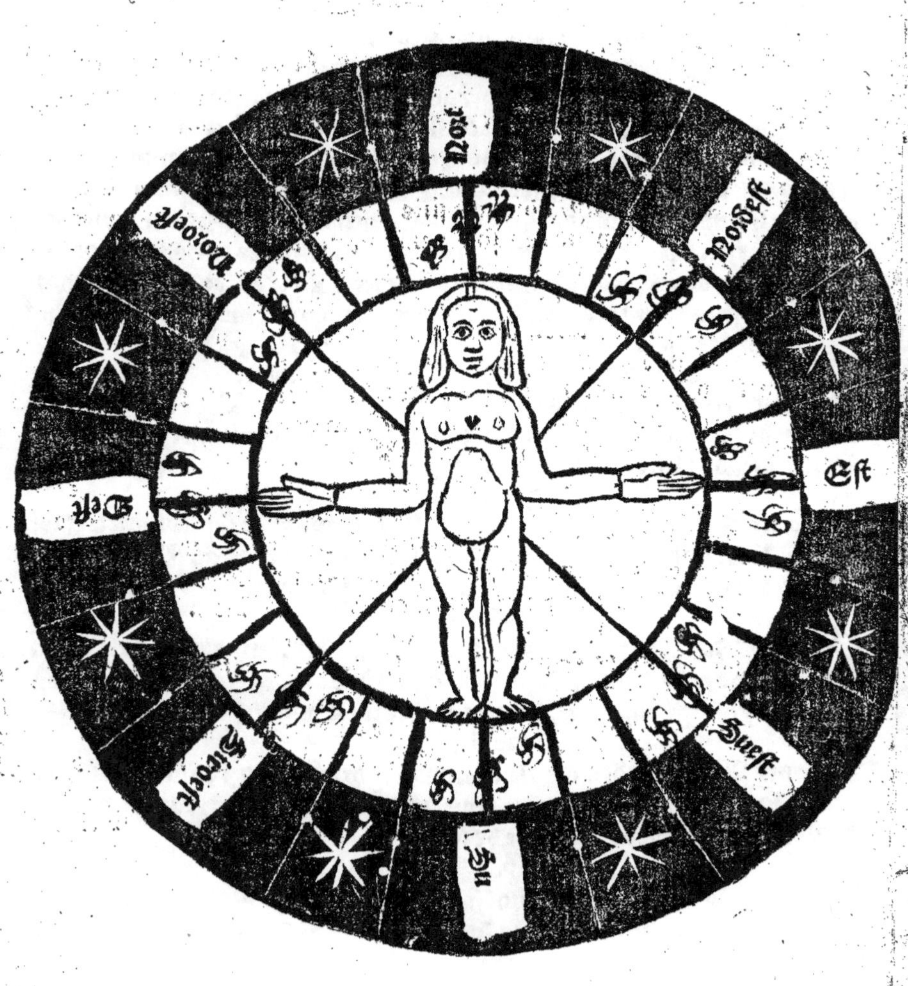
Nott
Dorost
Norost
Dost
Est
Rieest
Suest
Su

Ache que quand les gardes du Noit/cest a dire les deup
estoilles/seront en Ung chascun de ces ryns ou quars de
Ciel cy dessus mys en telle forme/dot chascun quart vault
Vne heure de nuict/ou de iour car ainsi quilz sont escriptz
en apres par telles conditions quil sera minuiet ou aube
de iour.Et le pourras congnoistre par la figureacompas
precedente.Et note que la figure de lhomme mise ondict compas sera de
monstrance des choses dictes/en mettant le coeur dicelluy homme endroit
lestoille du Noit le chief contremont.Et comprendre par similitude que le
chief de lhomme soit le noit. Et quand les deup estoilles seront droict des/
sus le chef elles seront au/⁊ ainsi des aultres membres comme ilz sont fi
gurees:Et pour la maniere mieulp comprendre / il est conuenable chose
dauoir aucun comancement/lequel sera en premier moys de lannee qui
se nomme Januier.

Et premierement   Januier.

En lamp Januier gardes a lest mynuict/gardes au Noit aube de iour.
a la fin de Januier/gardes a lest quart de Nordest minuict / gardes au
Noit quart de Noroest aube de iour.

Feburier.

En lamp Feburier/gardes au Noidest Vng quart de lest minuiet/gar
des au Noit aube de iour. A la fin de Feburier. gardes au Noidest my
nuiet.gardes au Noit quart de Noroest aube de iour.

Mars.

En lamp Mars/gardes au Noidest quart de Noit mynuiet: gardes au
Noroest quart de Noit aube de iour.a la fin de Mars gardes au Noit
quart de Noidest mynuict.gardes au Noroest aube de iour.

Auril.

En lamp Auril gardes au Noit mynuict/ gardes au Noroest aube de
iour:a la fin dauril gardes au Noit quart de Noroest mynuict : gardes
au Noroest quart de Oest aube de iour.

May.

En lamp May gardes au Noroest quart de noit minuiet gardes a Oest
quart de Noroest/ aube de iour:a la fin de May gardes au Noroest my
nuict:gardes a Loest aube de iour.

Juing.

En lamp iuing/gardes au Noest quart de Oest/minuiet/gardes a
Loest/aube de iour:a la fin de Juing / gardes a Loest quart de Noroest/
minuiet.gordes a Loest quart de Syroest aube de iour.

✳ iii

Juillet.

En camp Juillet / gardes a Loest / mynuict / gardes au siroest quart de
Su / aube de iour : a la fin de Juillet gardes a Loest quart de Siroest /
mynuict / gardes au Su quart de Siroest / aube de iour.

Aoust.

En camp Aoust / gardes au Siroest quart de Oest / mynuict / gardes au
Su aube de iour / a la fin de Aoust gardes au Syroest / mynuict / gardes
au Su quart de Suest aube de iour.

Septembre.

En camp Septēb.e / gardes au siroest quart de Su / mynuict / gardes au
Suest quart de Su / aube de iour / a la fin de Septembre / gardes au Su
quart de Syroest / mynuict. gardes au Suest / aube de iour.

Octobre.

En camp Octobre / gardes au Su mynuict / gardes au Suest quart de
Lest / aube de iour : a la fin Doctobre / gardes au Su quart de Suest / my
nuict : gardes a Lest quart de Suest aube de iour.

Nouembre.

En camp Nouembre / gardes au Suest quart de Su mynuict / gardes a
Lest quart de Nordest / aube de iour : a la fin de Nouēbre / gardes au Su
est / mynuict : gardes au Nordest quart de Est / aube de iour.

Decembre.

En camp decembre / gardes au Suest quart de Est mynuict : gardes au
Nordest quart de Nort / aube de iour. Et commence la nuict a moindrer /
a la fin de Decembre : gardes a Lest quart de Suest / my nuict / gardes au
Nord / quart de Nordest / aube de iour.

❧ Sensuyt la maniere tresubtille de trou
uer la nouuelle lune.

Qui Seult estre bon marinier /
Luy conuient par raison trouuer /
La maniere ɀ sa facon /
En quel temps ɀ saison
La lune est nouuelle par raison.
Aussi congnoistre sans fiction /
Scauoir en tout temps tu pourras /
De la lune ɀ du renouueau.
Vng nombre en ce liure trouueras /
Lequel quand bien nombre sauras /

De la lune le renouueau au seurete
Tu trouueras la pure Verite/
Par ta main sans point dautre siure/
Qui est chose tresfort abille

℣ Pour scauoir la nouuelle lune.

J tu Veulx scauoir trouuer la lune nouuelle par ta main
prens trois de tes doigs / cestassauoir le premier /qui est
le poulce/τ les autres deux doigs ensupuans. Premier
compte sur ledict / poulce / le nombre de dixhuict tout a
Vng coup : τ sur lautre doy ensupuant compte le nom=
bre de dip / τ seront Vingt huict . Et sur le tiers doy (qui
sera le maistre de ta main) compte aultres dip/τ seront en toute somme
trente τ huict. Cestassauoir dixhuict sur le premier / Vingthuict sur le se=
cond/τ trentehuict sur le tiers.

Item plus sache quel nōbre doi nous courons iceluy an/ouquel tu seras
ou Vouldras estre/sans cōpter les milliers ny les cens : mais tant seule=
ment les ans au dessoubz de cent du nōbre du datte de lā ou tu seras / ou
dicelluy ou tu Vouldras prendre a trouuer la lune nouuelle/τ compte
icelluy nombre sus tes trois doigs dessus nommes par ses menuz.   Et
premierement il te conuient compter sur le premier qui est le poulce Vng/
τ sur lautre doy Vng aultre / τ seront deux : τ sur le tiers qui est le mai=
stre doy Vng aultre / τ seront trois : τ de rechef compte sur le poulce se
quart / τ ainsi subsecutiuement sur les susdictz trois doigs tout ledict nō=
bre ensupuant / iusques a la fin dudict nombre de lannee ou tu courras
ou seras/τ le doy ou finera ledict nombre prens le nombre dudict doy com
me deuant est escript τ nombre. Scauoir est si cest sur le poulce/prens τ
compte dixhuict : τ si cest sur lautre prouchain prens τ compte xxVii.τ si
cest sur lautre que est le maistre prens τ compte xxViii . τ ce fait/ prēs τ
assemble ce nombre dicelluy doy / τ non de lautre ensupuant / mais seu=
lement duquel τ sur lequel finera le nombre de lan que tu Vouldras:τ sa=
che combien le tout se montera en nombre τ en somme/τ puis faictz tant
de fois comme tu pourras iusques a trois foys τ serōt quatre Vingtz dip
Et puis sache combien il en demeure audessus des trois foys trente . qui
sont iiii.xx.dip τ tout ce qui demourra au dessus / sera le cours τ nōbre
pour trouuer τ congnoistre la lune nouuelle par toute icelle annee / dont
prendras ledict nombre.

Et par ce Veuille bien scauoir cōbien il en demeure au dessus quatre Vingtz
dip dudict nombre deuant escript.

Et assemble auec ce nombze par chascun moys vng iour/en complentāt
le moys de Mars pour le pzemier/iusques au moys auquel tu vouldzas
pzendze ou trouuer la nouuelle lune. Et compte le pzemier iour dudict
moys pour vng an/z assemble les iours desdictz moys deuant auecqz
le remanent z demourant du nombze au dessus ꝓc. Et sache combien
il y a en nombze/z autant de nombze comme trouueras:z autāt de iours
aura la lune le pzemier iour dudict moys. ¶Exemple familier. Pzens
quen lan mil cinq cens vingt/tu veulx trouuer ladicte lune nouuelle/il
te fault scauoyz que le nombze dicelluy an pour trouuer la lune sera vng
z par ce vng sera le nombze en toute ladicte annee/z te conuiendza com
pter le nombze susdict qui est vng/z compter le moys de Mars par vng
z seront deux/z puis compter le pzemier iour de Mars par vng/z seront
troys. Et ainsi le pzemier iour du moys de Mars la lune aura troys
iours/z ainsi des aultres moys en comptant pour chascun moys vng
iour. Et le pzemier iour du moys on quel tu vouldzas pzendze la nou
uelle lune. Et si cest lannee du bissepte compte par chascun moys
vng iour iusques au moys ouquel tu vouldzas pzendze la lune nouuelle
comme deuant est dict/z icelluy moys pareillement par vng. Et empzes
cōpte par le bissepte vn iour/z le pzemier iour du moys/z autāt de iours
comme tu trouueras/z autant de iours aura la lune le pzemier iour di
celluy moys/ouquel la vouldzas trouuer nouuelle. Et si le nombze des
iours z des moys passe trente en nombze/autant de iours comme il y au
ra au dessus de trente/autant de iours aura la lune nouuelle le pzemier
iour dudict moys. ¶Pour trouuer le bissepte par ta main.
¶Il te conuient scauoyz quel nombze doz nous courrons en lan sans cō
pter millier ny cens:mais seullement le nombze au dessoubz/z mettre icel
luy nombze en quatre parties. Et sil ce trouue an entier en chascune des
quatre parties/tu auras bissepte icelle annee. Et sil se trouue demy an/
ou quart dan/ou troys quars dan/il ny aura point de bissepte:mais seul
lement quant il y aura an entier sera bissepte comme dict est.
¶Dueille scauoyz que le nombze z datte de lan/pzent son commancemēt
z se commance a la feste de nostre dame de Mars:z pourtant il fault pz
dze le moys de Mars pour le pzemier si tu veulx trouuer le nombze z lu
ne nouuelle.

¶Pour scauoyz quant iours chascun moys a.

E pzesupose que tu sache les noms dun chascun moys de lan
Mais te fault monstrer z donner a congnoistre quant iours a
vng chascū des ō moys/ car les vngs en ont plus q̃ les aultres/

¶ Premierement/il te fault compter sur ton poulce/τ sur lautre doy pro=
chain ensuyuant tous lesdictz moys/τ commancer premier sur le poulce/
τ compter Januier/τ sur lautre Feburier/τ consequemment les aulttes
moys ensuyuant. Mais il fault que tu comptes Juillet τ Aoust les deux
sur le poulce: τ tous ceulx qui escherront sur le poulce / auront trente τ
Vng iour.   Et tous ceulx qui escherront sur lautre doy auront trente
iours/excepte le moys de Feburier qui ne a que Vingt huyt quant il ny
a point bissexte/mais lannee du bissexte /il en ha Vingt neuf.

      ¶ Pour departir la lune du soleil.

¶ Si tu veulx departir la lune du soleil premierement il te conuient sca=
uoyr τ noter quen Vng an y a trois cens lxv. iours : ouquel trouueras
huyt mille sept cens lx. heures/en mettãt par chascun iour naturel xxiiii.
heures. Et cest par chascun cent iours / deux mille quatre cens heures
qui ce montent par lesdictz trois cens lx.τ cinq iours huyt mille sept cens
lx. heures. Esquelles heures tu trouueras le cours de sept cens xxx.ma=
rees de douze heures par marees. Lesquelles son departist / en quatorze
cens lx. marees de six heures par maree: en comptant flaux/τ esbe : sca=
uoyr est six heures de flaux / τ six heures desbe / τ en ce faisant tu trouue=
ras tes huyt mille sept cens lx. heures.

¶ Et sache quen cours de ces huyt mille sept cens lx. heures/ya le cours
de douze lunes/τ Vng renouueau τ prime. En comptant trente iours par
lune/τ cinq iours par prime τ renouueau:τ ainsi trouueras troys cens lx
τ cinq iours par chascun an / en mettant trente iours par chascune lu=
ne. Lesquelles lunes desdictz trente iours / ont le cours de huyt typns de
Vent par chascun iour naturel. Lesquelz huyt typnz de Vent sont departys
τ diuisez en trẽte τ deux quars par chascun iour naturel. Et y a en cours
de ces trente τ deux quars de Vent / par chascun iour naturel deux ma=
rees/de douze heures par maree/flaux τ esbe/six heures de flaux τ six des=
be/τ feront les deux marees xxiiii. heures par chascun iour naturel deux
marees. Qui se mõtent par Vng chascun renouueau de lune de xv. iours
xxx.marees de xii. heures par maree. Et Vauldront les xxx. marees de
xii. heures par chascun renouueau troys cens lx. heures.

¶ Et pour departir ces trente marees de xii. heures par maree en xv.
iours de renouueau de lune τ en xvi. quars de Vent / il te conuient mettre
xxii: heures τ demye par chascun quart de Vent qui ce montera en qua=
tre quars par chascun typn de Vent quatre Vingtz dix heures / τ seront
troys iours τ trois quars de Vingt τ quatre heures par iour naturel/qui
Vauldront quatre Vingtz dix heures.

A i

Et ainsi trouueras quatre vingtz z dix heures par vn de vent par iours
z par quars. Et sera de quatre vv.dix heures le soleil a lest/ plaine mer
Et la lune sera au nordest/z de neuf vingt heures qui sont deux vns de
vent z vii.iours z demy le soleil au suest/sera plaine mer. La lune sera
au nordest / z sera la lune a autant dheures du soleil comme il a quelle est
nou uelle.

¶ Lune de vii vv.vvv heures le soleil au su/sera plaine mer:z sont vnze
iours z vng quart de vingt quatre heures par iour /z douze quars de
vent de vingt deux heures z demy par quart de vent/ z sont trois vns
de vent de quatre vingtz dix heures par chascun vn d e vent/qui ce mon
tent les trois vns deux cens soixante dix heures.

¶ Lune de troys cens lx.heures le soleil au syroest/cest plaine mer:la lu
ne est au nordest.

Et ainsi sont departies ces trente marees en quinze iours de lune/en pvi.
quars de vent par les heures/en mettant vingt deux heures z demye par
quart de vent z vingt quatre heures par iour naturel. Et en ce faisant
tu trouueras par chascune lune entiere sept cens vingt heures par iours
par quars. Et trouueras lx.marees de vii.heures par maree | lesquelles
sont departies en cent vv.marees/en mettant par chascun vn de vent iii.
iours z iii.quars de vviii.heures par iour z quatre quars de vvt de vvii.
heures z demye par quart. Et ainsi vault vng chascun vn de vent qua
tre vv.v.heures/z vault demie maree de six heures par maree. Scauoir
est/six heures de flaux ou vi heures de esbe ou iusant.

¶ Et par ce si on te demande quant iours il y a en lan.Respondz/troys
cens lxv.iours/sil ny a bissepte:car il en y a vng dauantage. ¶ Si lon
te demande quant heure y a en vng an.Respons huict mille sept cens soi
xante heures.

¶ Si lon te demande quant marees y a en vng an. Respondz / quatorze
ze cens soixante marees de vi.heures par maree ainsi que dict est dessus.
¶ Si lon te demande quant lunes il y a en lan? Respondz/douze lu
ues dctrente iours par lune/z vng renouueau z prime de cinq iours.

N lan y a quatre vins de vent.Esquelz tiennent tous les mari-
niers que la lune ne renouuelle iamais. Cestassauoir des le
nordest/ iusques a lest/des lest iusques au suest/ des le syroest/
iusques a loest/des loest/iusques au nordest.

Par an y a vingt ryne de vēt qui sont departys en xxxii. quars par cha
scun iour naturel qui valent chascun quart de vent tant pour le departisf
sement de la lune que pour la departir en xxx. parties de xxii. heures (de
mye. Qui se montent par chascun ryn de vent iiii. xx. x. heures. Et tout
se monte par chascun renouueau de lune ccc. lx. heures. Et par le decçois
ment autant: & ainsi vau lt chascune lune sept cens vingt heures.

Il te conuient scauoir quant au departissement dung iour naturel pour
departir les heures du iour en trente deux quars de vent chascun quart
ne vault que troys quars dheure.

¶ Sensuyt la maniere de routtoyer.

I tu veulx bien & parfaictement compasser vne routte/il
te fault scauoir ce que te enseigneray. Et premier sache
quen vne routte de iiii. xx. lieues vng de ces quars de vēt
sors de routte laquelle tu feras porter vne nauire p vi.
lieues le hault ou le bas.

Ex xple familier/Si tu veulx saillir en vne routte qui gi
se noit/& su/comme scict bellise & sainct Hoigne/ & tu preigne vng quart
de nordest/ou de syroest/ou de noroest/ou de suest/iceluy quart de vent te
portera p vi. lieues le hault ou le bas en quatre vingt lieues.
Saicke que en iiii. xx. lieues vng demy ryn de vent qui sont deux quars
de vent portent vne nauire xxii. lieues/le hault ou le bas. Sache que en
xl. lieues de seilleure demy ryn de vent ne vault que seize lieues.
Sache quen vne routte de huyt vinges lieues vng quart de vent/vault
trente & deux lieues.
Sache que en xl. lieues de seilleure vng quart de vent ne vault que huyt
lieues en shault ou le bas.
Sache que en vne routte de vingt lieues de seilleure vng quart de vent
dehors de routte ne vault que quatre lieues. Et en toutes ces routtes
& seilleures/il fault scauoyr sil y a maree transportent shault ou le bas/
& sil y a marees il fault bien les compasser: & sil aduient par aucun cas
en faisant ladicte seilleure & routte / quil te faille mettre ton nauire a la
cappe/& quil te conuienne cappoier/il fault bienque tu aduise enquel ryn
de vent tu mettras le cap de ton nauire/car vng nauire a la cappe court
tousiours saduent. Et par ce donne toy garde de ton nauire affin que ne
soye deceu.

¶ Sensuyt les marees de Bretaigne/
Normandie/ & Picardie.

A iii

Ar ce que la couste de Bretaigne est dangereuse / pareillement
les coustes de Normandie/ꝗ Picardie:iay voulu te monstrer
les mouuemens des marees comment elles priment ꝗ retardent
en aucuns lieux plusque es aultres comme tu dois scauoir ꝗ
entendre. Et mesmement il te fault scauoyr en quel ryn de vent elles se de
clinent ou arrestent par leurs plains/comme tu pourras tātost congnoi
stre en voyant ce que ie diray.

ꝗEt premierement.

Sache quen toute la couste Despaigne/de Guyenne/de Poictou/ꝗ Bret
aigne.iusques au ras de Fontenaup la lune au nordest cest plaine mer.
Mais ceste maree est vng peu trop tardifue par toute lad couste Despai.
Item sache les marees du bas de Sayn iusques en Flandres premier
Au ras de Sayn/la lune a syroest vng quart de su pleine mer ꝗ au suest
quart dest basse mer.
Au ras de Fontenau/la lune au Nordest quart de Nort plaine mer.   A
sainct Mahe la lune au nordest quart de nort plaine mer.ꝗ au suest basse
mer. Au four/la lune au nordest/vn quart dest/plaine mer.
A Porsac/ꝗ a Bergloach/la lune a lest Nordest plaine mer / ꝗ au suest
basse mer.
A Goain ou Liganan/la lune a lest nordest/plaine mer ꝗ au suest basse
mer.   A lisle de Bas/au dedans la lune a lest nordest/plaine mer.
ꝗ Et dehors lisle de Bas/deuers la lauandiere/la lune au nordest plai
ne mer.Et de lisle de Bas /iusques a sainct Malo/tout du long de la cou
ste ꝗ portblanc/la lune alest/ plaine mer:ꝗ la lune au su basse mer.
ꝗ A Dekemem/la lune au su/quart de syroest/Basse mer:ꝗ aloest / quart
de noroest/plaine mer.
A Septisle/la lune a lest/suest/plaine mer:ꝗ au su/siroest/Basse mer/ꝗ de
lisle de Bazpaoul/iusques a sainct Malo tout au long de la couste / iust
ques a Carteras la lune au su / Basse mer a terre/ꝗ la lune aloest/plaine
mer.
A Grenoise dehors la lune a lest/suest/plaine mer.
A Chausoye/ꝗ a Grenoise/a Jarse/a Fox/ a Ercet/a Lorance/la lune
au su/Basse mer a terre/ꝗ a Loest/plaine mer.Mais dehors la lune a lest/
plaine mer.
A Rocquedoc/la lune au suest/vng quart de lest/plaine mer.
ꝗ Au bas de Brihac / la lune alest/plaine mer:ꝗ au su / basse mer.   A
la serrere / la lune au Suest / plaine mer Au ras Blanchart / la lu
ne au suest/ quart de su / plaine mer Mais a la Houcque / ꝗ Dronnoy/ ꝗ

a Mrfte/qui eft la terre duy bozt ꝗ dautre du Bas Blanchart / la lune au
fueft plaine mer a terre les prennent Vnꝗ quart Deft/ Entre cert/ꝗ Oy
ronnoy/il y a Vnꝗ banc qui sappelle le Banc de Chare / ꝗ il y a deffus ce
ce banc neuf Brasses. Dehors Lasant la lune au fueft plaine mer. les
autres la prennent a left / fueft / ꝗ au fu / firoeft / Baffe mer. A la Hacque / Dronnoye la lune au fu / quart de fyroeft / Baffe mer. a terre a
Chenebouc / a Harfleur / ꝗ a la Hacque / la lune au fu / fyroeft / Baffe
mer. a terre la lune a left / fueft / plaine mer. A Quarteras / la lune
au fu/fu fueft / plaine mer/ꝗ oeft/fyroeft/Baffe mer/ꝗ de chief de Caulp/
iufques a Etepes/la lune au fu/fueft / plaine mer.En Sayne/ a la foffe
de Leure/auffi pour Lefpuriy/de la ryue/la lune deualente de fueft/ plaine mer.Dehors de Entifer,iufques au bas de fomme/ au couuers la lune au fu/plaine mer:ceft affauoyr en Rade/mais ailleurs il fault la lune
ou fu/fueft/pour le plaiy.

En Soubme/la lune au fu/plaine mer.Et de mortes/eaues/ꝗ de Vent da
mont la lune au fu fueft/plaine mer.

A Eftables ꝗ a Boulongne iufques a Leftablyere de Tenet la lune o
fu / fueft plaine mer dedans ꝗ dehors : la lune o fu / plaine mer . A
Leftricte de Calays / la lune o fyroeft / plaine mer. Et de Leftricte de
Calays / iufques a Loftande / la lune o fu / fueft / Baffe mer / ꝗ de Lo-
ftande / iufques a la Boucquebergue / la lune o fueft / Vnꝗ quart de fu/
Baffe mer.Et fus tous les Bancs de Flandres la lune o fu / plaine mer.
Au cap de Loppy/la lune o fu/plaine mer.
En lefcufe en Flandres/la lune au fu/plain mer.

¶ Sensuyuent les marees Dhirlande.

Les marees Dhirlande / ꝗ Datefort / iufques a lifle Mey /la
lune au nozt/nozoeft/plaine mer.
En Hirlande / la lune a left / nozdeft / plaine mer En la
Mangue fainct George / la lune a left / quart de nozdeft/
plaine mer. Es ifles de Remeze a Ville Sozde / en Galles / la lune
a left / quart de nozdeft / plaine mer. Et de Londres a Sorlingues/
la lune a left / quart de nozdeft / plaine mer en la routte : ꝗ fache que de
Liffart / iufques le trauers de Tozres en chenau / pour les Vingt cinq
Braffes gift la maree au fueft/quart de fu/plaine mer:ꝗ dure cefte maree
iufques a Tortes.

A iii

¶ Sensuyt vng argument tressubtil.

Ie te demande en ceste maniere/
Quatre nauires partans dune riuiere
Seillans tous ensemble pour aller
En guerre certainement sur la mer
Les deux premiers a leurs pouoirs
Courent sus loest/noroest/
De tous eux par consentement
La seilleure des lieues vng cent/
Hors du cap dont ilz sont bouggez
A leur pouuoir et voluntez
Sont allez certes sans arrest.
Lautre sus loest/noroest/
A couru aussi certainement
Des lieues iusques a vng cent.
Le quart nauyre sans effroy
A couru sus le su siroest/
Pour veoir sil trouuera racade
Par le conseil de son pillote/
A voulu aussi certainement
Pour cuyder trouuer au vent
Courre iusques a lieues cent.
¶ Vous qui cest argument lisez/
En ce liure et regardes/
Respondez moy diligemment
Et me dictes ypte comment/
Des deux nauires qui auoyent
Couru sur loest/noroest/
Lung des deux faict voyle et sen va
En quel ryn de vent il fauldra
Courre pour trouuer le plus pres/
Lil qui a couru oest/syroest.

¶ Responce.

Va sus le Su/
Et celluy trouuay tous deux ensemble.
Dictes moy sans plus de faillance/
En quel ryn de vent ilz pourroient/
Trouuer sil du Su/Syroest?

¶ Responce.

Va fus le fueft /
Cestuy trouue les troys enfemble.
Dictes moy par quelle fcience
Et par quel vent de vent a leur gré
Ilz pourront trouuer cil qui eft amene
Et larriere des troys demoure.

¶ Responce.

Va pour le noxt / noxoeft.

¶ Senfuyt les trauerfees / t routtes Defpaigne / de Poicto / t Bretaigne /
pour fcauoir en quel vent de vent les poinctes des terres demourent les
vnes les aultres.

¶ Et premierement.

A inct Jehan de lup / t les afnes de Boxdeaulp gifent / noxt
fu. Et y a de lung a lautre   fpiii lieues
Les afnes de Boxdeaulp / t la Queftiue noxt / t fu / quart
de noxdeft / t de fproeft / t y a de lung a lautre fpViii.lieu.
Les afnes de Boxdeaulp t Wacheffac gifent noxt / noxdeft
t fu / fproeft / t y a de lung a lautre   foipante fept lieues
Les afnes t fainct Ander / noxdeft t fproeft / quart de noxt t de fu / t y a
          foipante lieues

Les afnes t Ville Vicieufe / noxdeft / t fproeft / t y a   foipante dip lieues
Les afnes / t les Pannes de Coffon / noxdeft t fproeft / t prens Vng quart
deft / t de foeft / t y a   quatre Vingtz Vne lieue.
Le pertuys Dantioche / t le Flet de Fonterabpe / gifent noxt t fu / t y a de
lung a lautre fp.lieues. Et pafferas dehors les afnes de Bourdeaulp.
Ledict pertuys Dantioche t Wacheffac / gifent noxt t fu / quart de noxdeft
t de fproeft / t y a de lung a lautre   cinquante fept lieues
¶ Ledict pertuys t Lifle fainct Vincent gifent noxdeft t fproeft / t prens
Vng quart de noxt t de fu / t y a   foipante dip lieues
Ledict pertuys / t fainct Hoigne gifent noxt / noxdeft t fu / fproeft / t y a
          foipante fip lieues
Ledict pertuys t Juion / noxdeft t fproeft   foipante feize lieues
Ledict pertuys t cap de Daptes gifent noxdeft t fproeft prens Vng quart
de left t doeft / t y a de lung a lautre   cent lieues
Pres de fainct Cypprian / t iras en amont de cap de Daptes.
Du pertuys Dantioche / fi tu vas fus loeft / fproeft / tu iras quinze lieues
hoxs du cap Doxtiguetes / t iras querir Vne ifle qui eft en la mer / dont il
a du cap de Daptes a icelle ifle   cent cinquante lieues.

A iiii

Et y a dudict cap de Dayres audict pertuis   cent iiii. lieues

ꝃ La poincte de sainct Estienne Dars/de lisle de Re/ʑ se dict cap noꝛ/
dest/ʑ syꝛoest/ʑ prens Vng quart de lest/ ʑ de loest/ ʑ y a de lung a laul
tre   cent quatre Vingtz lieues

ꝃ Oꝛtigueres ʑ le Pillier gisent/noꝛdest ʑ syꝛoest/ʑ y a en la routte
cent quatre lieues

ꝃ Les Barges Dolonne ʑ montriques gisent noꝛt ʑ su / ʑ y a de lung a
lautre   soixante six lieues

ꝃ Lesdictes Barges/ʑ laure de Bellibau y gisent noꝛt ʑ su/quart de noꝛ
dest ʑ de syꝛoest/ʑ y a   soixante six lieues

ꝃ Les Barges Dolonne/ʑ la tour de Lineres gisent / noꝛt noꝛdest ʑ su/
syꝛoest:ʑ y a de lung a lautre   soixante quinze lieues

Et entre lesdictes barges ʑ Machessac y a   soixante deux lieues

ꝃ Les Barges Dolonne /ʑ Rebedeseille gisent noꝛdest ʑ syꝛoest/ʑ prens
Vng quart de noꝛt/ʑ Vng quart de su.Et y a de lung a laultre quatre
Vingtz lieues

ꝃ Les Barges Dolonne ʑ les pannes de Cosson gisent noꝛdest ʑ syꝛo
est/ʑ y a de lung a lautre   quatre Vingt cinq lieues

Et si te fault apprendre lesdictes Pannes / sus le syꝛoest / tu iras en tour
Luercque/qui est en amont de Ribedoe.

ꝃ Lesdictes Barges ʑ Oꝛtigueres gisent noꝛdest ʑ syꝛoest/ʑ prens Vng
quart de lest ʑ de loest/ʑ y a entre deux   cent Vnze lieues

ꝃ Si tu failles a trouuer Oꝛtigueres/tu iras querir Siserque Oꝛtigue
res ʑ Rydelles/est/noꝛdest/ʑoest/ syꝛoest/ʑ y a de lung a lautre cent
Vingt lieues

ꝃ Hensupt de Lisledieup:

E bout damont de Lisledieup ʑ la barge Dolonne gisent
noꝛoest ʑ suest. Et y a entre deux   neuf lieues

ꝃ Lisledieup ʑ les asnes de Boꝛdeaulx gisent noꝛoest ʑ
suest. Et prens Vng quart de noꝛt ʑ de su.   Et y a entre
deulx   Vingt cinq lieues

ꝃ Lisledieup ʑ le boucaut de Bayonne gisent noꝛt/noꝛo
est ʑ su/suest:ʑ y a de lung a lautre   lxxiiii. lieues

ꝃ Lisledieup ʑ sainct sebastian gisent noꝛt / ʑ su / ʑ prens Vng quart de
noꝛoest ʑ Vng quart de suest:ʑ y a de lung a lautre   soixante six lieues

ꝃ Lisledieup ʑ Machessac gisent noꝛt ʑ su/ʑ y a de lung a lautre soi
xante huict lieues

ꝃ Lisledieup ʑ sainct Hoigne/noꝛt ʑ su/ʑ prens Vng quart de noꝛdest/sy roest:⁊ y a de lung a lautre   lppiiii.lieues

⫟ Lisledieup a sainct Vincent/noʒt/noʒdest ⁊ su/syroest : ⁊ y a de lung a lautre   lp pViii.lieues

⫟ Les chienspoyʒinnes de ladicte isle ⁊ Iuion gi sent noʒdest ⁊ syʒoest, ⁊ pʒens Vnꝗ quart de nort ⁊ de su:⁊ y a de lung a lautre   lppV.lieues

⫟ Lisledieup ⁊ cap de Dayʒes gisent noʒdest ⁊ syʒo est:⁊ y a entre deup   cent lieues

Et si ne touche a cap de Dayʒes/tu iras querir la Basme.

Lisledieup ⁊ Sissergue noʒdest ⁊ syʒoest/⁊ pʒens Vnꝗ quaʒt de lest ⁊ de loest:⁊ y a de lung a lautre   c.ppii.lieues

Et si tu faulp a trouuer Sissergue/iras querir Vne isle/ qui sappelle Foʒtuentura:⁊ y a de lung a lautre   deup cens quatre Vingtz lieues

⫟ Lisledieup ⁊ Marthiaco gisent noʒt ⁊ su/ ⁊ y a entre deup   cinquante deup lieues.

Hensupt de Belisle.

Belisle ⁊ Lisledieup gisent noʒoest ⁊ sue st.⁊ y a en la routte de pViii.a pp.lieues

Belisle ⁊ Archasson gisent noʒoest ⁊ suest:⁊ pʒens Vnꝗ quaʒt de noʒt ⁊ su/⁊ y a de lung a lautre   lpii.lieues

Et tu passeras pʒes deup bancz qui sont au noʒt Darcasson.

⫟ Belisle ⁊ sainct Iehan de Lucz gisent noʒt/noʒoest ⁊ su/suest : ⁊ y a de lunꝗ alautre   quatre Vingtz huict lieues

Belisle ⁊ sainct Hoigne/noʒt ⁊ su/⁊ y a de lung a lautre   quatre Vingtz cinq lieues

⫟ Belisle ⁊ sainct Vincent gisent noʒt ⁊ su/quart de noʒdest ⁊ syʒoest:⁊ y a entre deup   quatre Vingtz trois lieues

⫟ Belisle ⁊ Iuion/noʒt/noʒdest ⁊ su/syʒoest:⁊ y a de lung a lautre quatre Vingtz cinq lieues

⫟ Le cap de saincte Marie de Belisle ⁊ montaigne qui est au bas de Ryʒbedoe/noʒdest ⁊ syʒoest:⁊ pʒens Vnꝗ quaʒt de noʒt ⁊ de su : ⁊ y a de lung alautre   cent lieues

Le bout daual de Belisle ⁊ Finetetre/noʒoest ⁊ syʒoest /⁊ y a de lung a lautre   cent trente lieues

Et si tu es dehoʒs Belisle deup lieues / cours sur le suest/ ⁊ iras dehoʒs Lisledieup deup lieues/⁊ iras hoʒs Dolopʒion deup lieues.Et iras queʒtir les asnes de Boʒdeaulp/⁊ y a de Belisle iusques es asnes plV.lieues

⫟ Belisle ⁊ Larredou gisent noʒt ⁊ su/⁊ y a entre eulp   soipante huict lieues

Sensuyt lisle de Glenans.

Glenans et le fier de Fonterrable gisent nort / noroest et su/
suest. et y a entre eulx   quatre vingtz quinze lieues

Glenans et Cardno / gisent nort et sur prens ung quart
de noroest et ung quart de suest: et y a de lung a lautre qua
tre vingtz quinze lieues

Glenans et sainct Martin des Arougnes gisent nort et su
et est en sauff de sainct Vincent   dix lieues
Et y a de lung a lautre   quatre vingtz dix lieues

Glenans et Juion gisent nort et su / et prens ung quart de noroest et ung
quart de syroest: et y a de lung a lautre   quatre vingtz dix lieues

Glenans et Ribedoe / nort / nordest et su / syroest: et iras en sauff cinq lieu
ues: et y a entre eulx   quatre vingtz lieues

Glenans et cap de Dayre gisent nordest et syroest. et prens ung quart de
nort et su: et y a de lung a lautre   quatre vingtz cinq lieues

Glenans et sainct Vincent de la Barriquere gisent nort et su: et y a entre
eulx   quatre vingtz cinq lieues

Glenans et lisle de Colombis gisent noroest et syroest: et y a de lung a lau
tre   deux cens soixante quinze lieues
Et passeras hors de Fineterre   Unze lieues

Sensuyt de Penmarch.

Penmarch et la tour de Cordanne / gisent noroest et suest: mais il
te fault donner garde de Rochebonne / car ilz gisent noroest et
suest: et y a entre eulx   soixante dix lieues

Penmarch et Beonne gisent noroest et suest: et prens ung quart
de nort et de su: et y a de lung a lautre   quatre vingtz dix huict lieues

Penmarch et lisle de Bermeo gisent nort / noroest et su suest: et y a entre eulx
quatre vingtz treize lieues

Penmarch et sainct Hoigne gisent nort et su: et prens ung quart de noro
est et du surst: et y a entre eulx   quatre vingtz dix lieues

Penmarch et Cenes gisent nort et su: et y a de lung a lautre quatre vingtz
dix lieues.

Penmarch et les pannes de Cousson nort et su: et prens ung quart de nor
dest et ung quart de syroest: et y a de lun a lautre quatre vingtz treize lie.

Penmarch et sainct Ciprian / nort / noroest et su / syroest: et te donnes garde
du cap de Dayres: et y a entre eulx   quatre vingtz quinze lieues

Et de sainct Ciprian a Ribedoe   huict lieues
Penmarch & cap de Priour/gisent nordest & syroest/& près quart de nort
& quart de su:& y a de lung a lautre   cent trois lieues
Penmach & Sissergues gisent noroest & syroest Vn quart de nort & de su:
& y a entre eulx   quinze lieues

Sensuyt de Sayn.

Ayn & Archasson/gisent nordest & suest : & y a de lung a lautre cent lieues

Sayn & Fonterrabie gisent Noroest & suest : & prens Vng quart de nort & de su/& iras Vng peu en lhault du fier:& y a de lung a lautre cent quatorze lieues

Sayn & Castro gisent nort noroest & su/suest:& y a de lun a lautre cent six lieues

Sayn & sainct Martin de Laraigne/gisent nort & su:& prens Vng quart de noroest & de suest:& y a de lung a lautre cent quatre lieues

Sayn & Iuion/nort/su:& y a de lung a lautre quatre Vingtz & Vnze lieues

Sayn & Ribedoe/nort & su/& prens Vng quart de Noroest & de syroest:& y a de lung a lautre quatre Vingtz quatorze lieues

Sayn & ortiguetes/nort/nordest & su/syroest:& y a entre eulx quatre Vingtz quinze lieues.

Sache que lisle de Sayn & lisle May / gisent est & oest : & si tu estois au bout de lisle May/deuers le nort/ou deuers le nordest deux lieues/tu trois sur lest querir Dyssant.

Sensuyt de Sorlingues.

Sorlyngues & Dyssant/gisent nort noroest & su/suest:& iras dedãs Sor-lingues:& y a de lung a lautre Vingt huict lieues

Sorlingues & Laistres/gisent nort & su:& prens Vng quart de noroest & de suest:& y a de lung a lautre cent Vingt huict lieues

Et est en lhault de Lestansonne & de Lestres/iusques a Iuion. V. lieues

Sorlingues & Lisle de sainct Ciprian qui est au bas de Ribedoe/gisent nort/& su:& ya entre eulx cent Vingt cinq lieues.

Sorlingues/& Sissergues gisent nort/& su:& près Vng quart de nordest/Vng quart de Syroest/& ya de lung a lautre cent trente six lieues

Sorlingues/& Lisle de Vadere/gisent nort/nordest/& su/syroest : & dure ladicte isse dixsept lieues de long/& ya du lung a lautre ccc.lieues

Et passeras hors de Fineterre   Vingt trois lieues.

Et de Sozlingues/ a Fineterre y a   cent qua rante quatre lieues

❡ Le cap de Fineterre/⁊ Lissart/ gisent nozt nozdest / ⁊ su/syroest / ⁊ y a de lung a lautre   cent soipante deup lieues

Lissart/⁊ Casquet gisent est/⁊ oest/⁊ y a de lung a lautre   quarante ⁊ troys lieues.

Lissart/⁊ Lisledoubic/⁊ est/oest/⁊ pzens vng quart de nozdest) ⁊ de syroj est/⁊ y a de lung a lautre   cinquante deup lieues

Sensupt les lieues du Boucquau/ de Gyzonde iusques au Boucquau de Bayonne/le long de la couste de spaigne/⁊ de Poztugal.

D Boucquau de Gyzonde/iusques au Boucquau de Ba/ yonne/il y a   ving, cinq lieues

De Bayonne a Fonterabie   huict lieues

De Fonterrabie/a sainct Sebastien   quatre lieues.

De saict Sebastien/a Catharpe   quatre lieues

De Catharie a Montrigue   trois lieues

De Montrigue a la Questine   trois lieues

De la Questine a Dermeau   cinq lieues

De Dermeau a Plaisance   trois lieues

De Dermeau a Bilbau   sip lieues

De Plaisance/en la Dayre   deup lieues

Et de la iusques a Castres   quatre lieues

De Castres a Dzynon y a   deup lieues

De Dzynon a Caredo   deup lieues

De Caredo a sainct Ander   sip lieues

De sainct Ander a sainct martin de Larenne   cinq lieues

De sainct Martin a Sainct Dincent de la Bariquete   cinq lieues

De sainct Dincent a Lagues   cinq lieues

De Lagues a Rebedeceille   cinq lieues

De Rebedeceille a Dille Dicieuse   cinq lieues

De Dicieuse a Juion   quatre lieues

De Juion aup Pannes de Cousson   deup lieues

Sache que des le Boucquau de Bayonne/iusques aup Pannes de Cosj son y a bien   soipante dip huict lieues

Des Pannes de Cousson a Abilles   deup lieues

De A billes au Pzouue   trois lieues

De Pzouue ou Arcedo a Luerques   cinq lieues

De luerques a Rpbedoe   viii. lieues

De Rybedoc a sainct Fabian   ii. lieues
De sainct Fabian a Diueres   iii. lieues
De Diueres a cap de Dayres   iiii. lieues
De cap de Dayres a Hortigueres   iiii. lieues
Deuers sainct Matre est par le dedans Dortigueres du couste deuers lest
ce son appelle le pauy Carinon.
Du cap Dortigueres a Sideres   ii. lieues
De Syderes a cap de Priour   iiii. lieues
De cap de Priour a la Coulongne   iiii. lieues
De la Coulongne a Sissergues   vi. lieues
De Sissergues a Dxmes   iiii. lieues
De Dxmes a Mongie   v. lieues
De Mongie au cap de Fineterre   v. lieues
¶ Sache que des Pannes de Cousson/iusques au cap de Fineterre y a
soixante quatre lieues
Et des le Boecquau de Bayonne audict cap/sont en nombre   sept xx.
deux lieues
Sache que la couste de Gascongne iusques es Pannes de Cousson la
coste Despaigne gist est/oest. Et des les Pannes de Cousson iusques au
cap de Dayre/Va sus loest/Vng quart de syroest. Et sache que soubz bas
me a cent brasses tu seras a cinq lieues en la mer ce non plus.
De cap de Fineterre a Lea   v. lieues
De Lea a Mores   v. lieues
De Mores a Bayonne de moro   viii. lieues
De Bayonne a Campyno   iiii. lieues
De Campyno a Dienne   iiii. lieues
De Dienne a la Ville de Comte   v. lieues
De la Ville de Comte/a Porto en Portugal   iiii. lieues
De Porto a Dero de Mondego   ix. lieues
De Mondego/a Parades   ix. lieues
De Parades a Berlingues   ix. lieues
De Berlingues a Rocque de Cyntre   xii. lieues
De Rocque de Cyntre au cap de Fichier   x. lieues
Du cap de Fichier au cap sainct Vincent   xxviii. lieues
Du cap de sainct Vincent au cap de saincte Marie   xviii. lieues
Entre le cap de saincte marie ce labaye Dolues   xvii. lieues
Entre labaye Dolues/ce sainct Lucas de Baremedo/y a   viii. lieues
Du cap de Fineterre a sainct Lucas de Baremedo. y a cent lxviii. lieues

Routtier/ι pillotaige
Rocque de Syntez/ι le cap de sainct Vincent gisent noit ι su/ι pres vng
quart de noroest/ι de sueft/ι iras deux lieues en su/de Berlingues.

¶ Sensuyt la routte de Ponteau de Ferron/iusques au fleuue Jour-
dain/ι quantes lieues y a de lun a lautre.

Ponteau de Ferron/ι lisle de Calip/gisent est/ι oest / ι y a entre eulx   vingt lieues
Lisle de Calip/ι Trefalgar/gisent est/sueft/ι oest/noroest/ι
y a entre eulx   huict lieues
Trefalgar/ι le destroict de Marroc/gisent est / ι oest vn quart de sueft
ι de noroest/ι y a entre eulx   douze lieues
Lestroict de Marroc/ι cap de Gatte/gisent est/ι oest/ι vn quart de nor
est/ι de syroest/ι y a de lun a lautre   lxv.lieues
Cap de Gatte/ι les Forminguts / gisent nordest / ι syroest/ι y a entre
eulx   soixante lieues
Les Formigues/ι Maillorgues gisent nordest/ ι syroest ι y a entre eulx
trente lieues
¶ Sache que lisle de Maillorgues a de long   trente huict lieues
Maillorgues/ι Sardaine/gisent est/ι oest/ι y a entre eulx   quatre
vingtz ι dix lieues
Sardaine/ι Foizille/gisent est/ι oest/quart de sueft/ι quart de noroest/
ι y a entre eulx   vingt deux lieues
Saiche que lisle de Foizille/ ha de longueur enuiron de soixante ι deux
lieues
Lisle de Cecille / ι lisle de Sapience / gisent est / ι oest / ι y a entre eulx
douze lieues
Lisle de Sapience/ι lisle de Candre/gisent est/ι oest/vn quart de sueft/ι
de noroest/ι y a entre eulx   soixante ι ii.lieues
Sache que lisle de Candre/ha de long   l.ii.lieues
Lisle de Candre/ι lisle de Famogosse / gisent est / oest/ ι y a entre eulx
cent quinze lieues
Lisle de Famogosse ha de longueur   cent dix lieues
Lisle de Famogosse/ι cap de Dynaco/gisent est/ι oest.cap de Dynaco/
ι le fleuue Jourdain/gisent noit ι su/ι y a entre eulx iiii.vingtz x.lieues
¶ Sensuyuent les routtes qui sont de long de la couste de Guyenne/ι
Despaigne/de poincte a poincte/et comment elle gisent ι quant lieues
il y a de lune a lautre.

¶ Et premierement.

Es afnes de Bourdeaulp /⁊ fainct Jehan de Lup gifent nort
⁊ fu. Et paffera dehors de Momuffon huyct lieues. Et a fip lie
ues de Archaffon. Le Boucauft de Bayonne /⁊ le Fier de Fonterrabye /gifent nordeft /⁊ fyroeft: ⁊ y a de lung a lautre ip.lie.
Et prens de noit /⁊ de fu.

Le fier de Fonterrabye /⁊ lifle de Cattharie /gifent eft /⁊ nordeft /⁊ oeft /
fyroeft :⁊ y a de lun a lautre   vii. lieues

Le fier⁊ la poicte de Macheffac /gifent eft /⁊ oeft. Et paffera dehors de Ca
tharpe   iiii. lieues

Et y a de lung a lautre   dip fept lieues

Macheffac /⁊ lifle de Catharie /gifent eft /⁊ oeft: ⁊ prens Vng quart de no
roeft /⁊ Vng quart de fueft: ⁊ pa de lung a lautre   dip lieues

Sainct Johan de la Peygne /qui eft pres de Macheffac /⁊ au bas de lup
eft lifle /⁊ la poincte fainct Ander /gifent eft /⁊ oeft. ⁊ prens Vng quart de
nordeft /⁊ de fyroeft /⁊ y a de lung a lautre   Vingt lieues

Macheffac /⁊ les Pennes de Coffon /gifent eft /⁊ oeft: ⁊ y a entre eulp
cinquante licues

Et paffera dehors la poincte de fainct Ander /qui eft au bas de lifle du
dict fainct Ander   Vi. lieues

Et y a de cefte poincte /que lon appelle la poincte de la Late au Pennes
de Coffon.   Vingt trois lieues

Et gifent eft /⁊ oeft /quart de noroeft /⁊ de fueft.

Les Pennes de Coffon /⁊ cap de Dayres /gifent eft /⁊ oeft ⁊ prens Vng
quart de nordeft, ⁊ quart de fyroeft: ⁊ y a de lung a lautre Vingt cinq lie.

Et pafferas dehors de Ribedoe huict lieues /⁊ a fip lieues de lifle de faict
Cyprian.

Les pennes /⁊ Rybedoe /gifent nordeft /⁊ fyroeft: ⁊ prens Vng quart deft /
de foeft /⁊ y a de lung a lautre   pVi. lieues

Et te garde bien duneifle qui eft a mont de Ribedoe /qui eft telle.

Lisle de sainct Cyprian / et les ferraillons qui sont dehors des Pennes de
Losson / gisent est / nordest / et oest / syroest / et y a de lung a lautre xx. lieues

Ribesde / et lisle sainct Cyprian gisent noroest / et suest / et y a entre eulx
sept lieues

Lisle sainct Cyprien / et cap de Payres / gisent noroest / et suest / et y a de lung
a lautre   viii. lieues

Cap de Payres / et ortigueres gisent est / et oest / et y a entre deux   quatre
grans lieues

Cap Dortigueres et cap de Priour / gisent nordest / syroest et y a entre deux
vi. lieues / et prens vng quart dest / et doest.   Cap de Priour / et la Coulon
gne / gissent nort / noroest / et su / suest. Et rangeras deuers Betances / et metz
terre pour terre: et prens vng quart de noroest / et vng quart de suest / et si tu
Vas au su / suest / renge deuers sest / qui est deuers la terre de Betance: et ain
si iras querir lentree de la Coulongne mais tu rangeras bien pres des
uers sest / et non pas trop / et y a quatre lieues.

Scauoyr est / deux a Ferroy / et deux a la Coulongne.

Cap de Priour / et Sisergne / gisent nordest / et syroest: et prens vng quart
de sest / et vng quart de soest / et y a entre eulx   ix. lieues

Sisergue et Fineterre / gisent nordest / et syroest: et prens vng quart de sest
et de soest / et y a

℃ Sensupuent la congnoissance des asnes de Bourdeaulx / et les dan
giers diceulx . Lesquelz cognoistras par la sonde tant de iour que de
nuict.

I tu Viens de la mer en fore des parties Despaigne / ou
dailleurs / et tu a terres le trauers des asnes de Bourdeaulx
en soest / deux . Si cest de nuict ne te approche point plus
pres de dixhuict Brasses / ou seize a tout le plus pres . Car
tu en seras assez pres / et ne seras qua demye lieue du Frei
gnant / et face ores beau temps / autant quil est possible de
Vent de mer. Et sache que tu trouueras en ta sonde sable menu cóme relo
ge Blanc et rouge / et seme parmy du noir / et pareillemét menu cóme lautre.

℃ Si tu Veulx aller querir le bout de lasne et entrer dedans / Va tant a
mont que tu aporte la tour de Cordanne / en sest / suest / de toy ou a tout le
plus pres en suest / quart dest. Et tu seras hors du bout des asnes tu ne tro
ueras de Basse mer au dehors du bout des asnes deuers le siroest et pres
de luy quatre Brasses ou quatre et demye.

℃ Et puis quant seras aussi auant comme le bout des asnes du Banc /
que lon appelle lasne / qui est sable / et est bien troys lieues hors du cer

taïn:adonc tu trouueras six ⁊ sept brasses/⁊ par le dedans de luy huyt ⁊
neuf brasses / ⁊ tousiours en croissant iusques a quatorze brasses.
⁊ Et pour scauoir quant tu seras au bout de lasne/⁊ quant seras en bon
chenal/ il fault que tu apportes le plus gros puis de sable qui soyt en la
poincte de lance de Bregerac/de ceulx deuers le suest/de la grosse pointe/
⁊ quil te demeure en lest/nordest/⁊ de toy:⁊ adonc seras au bout de lasne
deuers la mer/⁊ seras en droict ⁊ bon chenal. Et alors va en lest/nord
dest/seutement:car cest la droicte routte. Et quant approcheras de terre
certaine/prens plus de nordest/⁊ range lasne pour toy garder de la mau
uaise/qui est vng banc de sable qui est soubmer ⁊ demeure a sec de basse
mer ⁊ te demoureta deuers le su/⁊ par ce ne te approche poinct plus pres
delle de six brasses/sil test possible. Saiche quant tu seras de trauers delle
⁊ aussi en terre comme elle en ceste rontte : tu auras la tour de Cordanne
au suest/vng quart de su de toy/⁊ tu seras en mes delle/⁊ pres delle:⁊ au
si elle est le trauers de la grosse poincte⁊ en syroest/ ⁊ quant tu auras la
tour en suest de toy/tu seras transuersaine la mauuaise. Et sache quil y
y a en chenal a droict delle vingt cinq ou vingt quatre brasse entre elle ⁊
les asnes.
⁊ Si tu viens poser en lance de Bregerac / pouse a huyt brasses de plai
ne mer. Tu auras abris des vends de noroest/de nort/⁊ nordest / ⁊ nort
te viendra dessus la grosse pcincte du sable/⁊ la mer espessera de deux
brasses ⁊ dempe ⁊ si tu veulx aller amont/va en lest/suest. Du bout de
lasne deuers mer a Ryan/y a vne veue dont y a quatre lieues au Puys
du sable/⁊ troys a Ryan.
Ryan est le premier chasteau de la riuiere deuers le nort/⁊ de Ryan a Co
nac/⁊ y a vne veue. De Ryan a Meschers y a deux lieues . de Meschers
a Tallemot ya deux lieues Tallemond est le secod chasteau/⁊ de Tal
lemond a Conac y a troys grans lieues
⁊ Sache quen amont de lance de Bregerac y a vng banc qui va le long
de terre/au dehors de la terre bien loing/⁊ va iusques aupres de la pro
chaine poincte que tu voyrras en amont de toy / que lon appelle Terre
negre sette demoutra deuers terre.
⁊ Si tu veulx pouser a Rian qui est le premier chasteau pouse en amot
du chasteau tant que voye leglise parochialle deuers le suest du chasteau
⁊ pouse asses pres de terre car il ny court pas tant ⁊ tu auras abris de no
roest/de nordest/⁊ dest.
⁊ Si tu veulx aller amont la riuiere/va a lest/suest /car la riuiere gist
noroest/⁊ suest iusques a Blayes. Et si tu veulx trauerser ⁊ aller au ver

B

son querir sabris tu pourras trauerser des le trauers de Ryan a Meschers deux lieues. Meschers est la seconde poincte en amont de Ryan ¶
y court si fort de iusent que est merueilles: Et parce garde toy si tu deualles de iusent ¶ mettre en terre delle/si tu ne porte bon vent pour toy leuer
car elle est parfonde ¶ royde ¶ bien dangereuse/plusque poincte de toute
la riuiere ¶ par ce garde toy delle/¶ ten tiens hors/ou ne deualle point de
Tallemond sil ny a bon vent. Et aussi sache que le trauers dicelle poincte de Meschers/y a vng danger que lon appelle les Margarites/¶ sont
le trauers delle en chenal bien hors.
Et pour toy garder dille/¶ aller bon chenal/qui est au nort delle/metz le
glise parrochialle de Rian qui est hors de la ville. Metz icelle eglise parmy la poincte/qui est a val de la poincte de Meschiers/qui est la premiere
poincte en amont Rian / ¶ tu ne les craindras rien¶ vng petit a ouuers
delles/tu seras au nort delles. Et ne taprouche point plus pres delle de sip
brasses si tu ne vois ton bon/ Gorde toy bien de la poincte de Meschiers
car le iusent porte sus elle merueilleusement
Des Meschiers a Tallemond y a   deux lieues
Tallemond est vng chasteau hault /qui est sus la riuiere. Si tu veulx
pouser a Tallemond/¶ que tu aye grant nauire/pouse a val du chasteau/car il y a plus deaue quen amont/car il ya douze brasses de basse mer
¶ en amont ne demourera point plus de trois brasses de basse mer.
De Tallemond a Conac y a   trois grans lieues
De Conac a Blayes/vne veue. Et la plus grosse terre ¶ la plus haulte
en amont de Tallemond/¶ aussi est elle prochaine en a val de Conac/
cest la terre de Mortaigne/¶ est vne poincte roide. Tu trouueras tout le
long de la riuiere des Tallemond/en amont trois brasses de basse mer
si tu es en chenal:¶ des Tallemond, en a val est asses parfond. Sache
que la prochaine isle en amont de Conac / cest Argenton ¶ est au bas de
Blayes/au meillieu de chenal ou bien pres. Et de lisle Dargenton / qui
est au debas de Blayes/iusques au pres du bec Dambays (ne sont que
bancs par meillieu de riuiere. Mais il te fault ranger le plus deuers terre du coste de Blayes/qui est deuers le nordest. De Blayes a Bordeaux
y a sept lieues dontil en ya quatre au bec Dambays / ¶ trois a Bordeaulx / De Blayes/a Bourc/ya quatre lieues/¶ ya vne grosse poincte en
tre les deux / que lon appelle rocque Dostaux /¶ est vne poincte bien
haulte.
Le prochain chasteau en amont de Blayes/cest Bourc / ¶ est le trauers
de la poincte de bec Dambays/deuers le nort. Et si tu veulx aller a Li

Bourne/ou il ya sept lieues de riuiere/de Bourc a Libourne/range deuers
Bourc/et bien pres pour ton honneur ꝗ proffit.
Des ce que tu auras passe Bourc/car la prochaine poincte en amont est
Somme ꝗ ya vng banc le trauers delle/ꝗ ny demeure de basse mer dessus
que brasse deaue ou moins/ꝗ fault que aye maree pour passer.ꝗ en amont
dicelle poincte ya des perches deuers le su/ꝗ le trauers dicelles perches y
a bon paux deuers le nordest/ꝗ y demeure trops brasses d e basse mer.
℃ De Bourc / a Cauernes / y a quatre lieues / ꝗ y demeure asses deau
pour aller amont de basse mer/ꝗ y aura trois brasses de bassemer ou deux
ꝗ demye du moins iusques a Cauernes/des ce que auras passe les perches.   Et donne bon rin a chascune poincte/
ꝗ aussi il ya bon paux a Cauernes/ꝗ est le paux au bas de la maison deuers le syroest/ꝗ au dessus Cauernes y a vng banc ꝗ est le plus deuers
le su/des que passeras la maison de Cauernes/range deuers le nordest/ ꝗ
ny a plus rien dangereux iusques a lisle ou est la chappelle de Nostre da-
me/on il y a vng banc au bout deuers loest de lisle/car la poincte de lisle
soubme bien loing ne la renge pas/ ꝗ il te fault lesser lisle deuers le nord-
est/ꝗ renge deuers le siroest/du coste deuers Cauernes qui est deuers
le certain. De Cauernes a lisle y a vne lieue/ꝗ la commace le marcheras
a lisle deuers le nort/de lisle.
Et de lisle a Libourne/deux lieues grandes/ꝗ ny a plus dautre isle iusques a Libourne. Mais il y a des courceaux aux riuieres qui te demouront destrebort. En allant amont garde toy de la poincte de Libourne/
quat tu entreras en courseaulx de celle deuers la tour ꝗ ar elle est somme.
Et la tour ꝗ la ville te demourrot deuers lest/ꝗ aussi gardes toy du marcheras depuis douze iours la lune en amont.
                  Sensuyuent les coustumes de Libourne.
Es coustumes de libourne sont telles/que lon vent le sel par
muy. Et y a en chascun muy soixante mynes de sel. Et en cha
scune myne de sel ꝗ quart de my ne y a vn sac de sel de la mesure de Rye/ꝗ de sainct Gilles sur vie / bien grant mesure /car
chascun sac vault myne ꝗ quart bien escarse.
Et le Roy prent par chascun muy trops royaulx dor /de la valeur de
trente solz chascun royal qui est en somme quatre liures ꝗ demye tour-
noys.ꝗ puys fault vingt solz pour les porteurs par chascun muy ꝗ six
ardis pour ceulx qui mesurent.
Pareillemēt tu doiscoustumes de sel a Dayst es/ꝗ est vng chasteau lequel
est au de bas de Libourne deuers le su/ꝗ aussi semblablement a Bourc.

B ii

Pareillement y a coustumes a Fronsac/qui est au de bas de Libour/
ne/ deuers le noroest. Vng quart de lieue/ ǫ cest vng chasteau qui est en
hault lieu.

Et saches certainement que de toute marchandies que porteras a Libour
ne/tu dois par coustume le vingtiesme. — Mais les portages des com/
paignons sont frances/ ǫ ne doibuent rien ǫ tu ne hoserois les vendre
hors la ville. Et si tu vens toilles/ou draps/sache quil y a bien pres de
demy pied par aulne/car laune a pres de brasse. Tu dois scauoir
comme deuant est dit que la poincte de bec dambays/est vne poincte bas/
se comme vne isle ǫ est toute couuerte darbres. Et est par le millieu
de riuiere ǫ en routte des deux chenaulx de Bordeaulx ǫ Libourne/ Et
celle poincte est moult somme deuers loest/ǫ parce il te fault bien garder
Delle si tu veulx aller a mont/ ǫ luy fault donner bon vng car la maree
charge bien fort dessus de flaux. Et icelle poincte departist le chenal de
Bordeaulx ǫ Libourne: ǫ deßors delle reserue le chenal iusques a lisle
Dargenton/ par le meilleu de la riuiere ne font que bancs de sa vie ǫ
sommieres.

Et sache que riuiere de Bordeaulx demeure deuers le su/de la poincte
de bec Dambays ǫ y a deuers le su/ de ceste poincte de vers le sproest/
deux ou trois isles/ que lon appelle les isles de Macault. Et tu dois sca
uoir que le chasteau de Macault ǫ le trauers de ces isles ǫ aussi la poincte
de bec dambays.

Quant tu auras passe la poincte de bec Dambays/ǫ en su deße delle pour
aller a Bourdeaulx. Si tu veulx ponser le trauers de lisle le plus
en amont des deux isles aussi y a bon pauy au bout damont de lisle. Et
auras abtys de su/de sroest/ǫ de oest. Et des le bec Dambays iuss
ques a lisle/trouueras du plain de la mer sept brasses ǫ quatre ou quatre
ǫ demye brasse de basse mer. car la mer ny maindre que de deux brasses ǫ
vng petit plustost du mort de leau. Et si tu veulx aller a Lorinont
ou il y a deux lieues iusques au bec Dambays/range deuers le su/ tu
trouueras deux brasses de basse mer car il y a vng banc au meillieu du
chenal.

Sensuyt lentree ǫ le chenal de la coubre.

Saches que si tu veulx passer ǫ aller deßors par la coubre/ qui est
vng chenal laquelle est en terre des Asnes de Bourdeaulx rans
gent terre. Et si tu veulx passer
par icelle chenal donne vng a la poincte qui est deuers terre qui

faict fenltree deuers le fueft de la Coubie (t dicelle chenal car il y a Vne pe
tite poincte de fable le trauers de la poincte qui Va a la mer laquelle
eft foubine. Mais nonobftant range icelle poincte a honneur de toy
iufques a trois braffes ou a deux braffes trois quars / (t incôtinent tu fau
ras paffe / (t trouueras trois braffes (t quatre braffes (t Va tout le long de
terre a ton honneur / car il eft bien feur (t fonde fouuent car tu trouueras.
cinq braffes (t quatre braffes (t demye.   Et quant tu feras le trauers
des gros puys qui font au bout deuers bas a leffye tu trouueras fept (t
huyt braffes (t la poulfent les nauires pour attendre leur maree pour en
trer (t paffer deuers la Coubie. Et dicelle chenal ou de ces gros puys.
Va au nordeft / quart de noit / et tu iras querir la poincte Doloyron / que
lon appelle chardonnieres / affes pres.   Et ainfi feras tu paffe affes
pres dun banc qui eft au dehors de Maumuffon / que lon appelle Gafté
faux / pour aller fus le fueft / quart de fu. Et fache que tu iras affes pres
de lung et de lautre.   Mais la routte eft bonne (t iufte noroeft / et fueft /
quart de noit) (t de fu pour aller querir lentree de la Coubie de la poin
cte de chardonnieres.   Et des chardonnieres Va au noit / (t tu doubles
tras la poincte fainct Denys Doloyron / fi tu es a huyt braffes de terre.
Metz terre par terre noit / et fu / quart de noroeft / (t de fueft.
¶ Sache que les afnes de Bordeaulx / (t la poincte de fainct Denys de li
fte Doloyron / gifent noit / (t fu / terre pour terre. (t fi tu Viens de la mer en
fois / et tu a terres le trauers de faict Denys Doloyron et quil demou
roit au nordeft / ou en left / nordeft de toy.
Sache que tu Voyrras le clochier de fainct Denys Doloyron / qui eft
Vn grant clochier de pierre blanche qui eft hault / (t au bas de luy tu
Voyrras Vn moulin / et au bas du maulin Voyrras Vne broffes de boys
et au bas du boys Voyrras Vn grant Village / ou deux et ptes de la poin
cte (t fache que la poincte eft roitte (t eft pierre blanche (t Vait bien hors.

    Et fi tu a terres plus en amont tu Voyrras le chafteau Doloyron (t
puys au bas de luy Verras la tour de fainct Pierre / qui eft grande (t
haufte (t dicelle poincte de fainct Denys.   Si tu es a huyt braffes hors /
Va fu le noit / noroeft (t tu iras querir la poincte Sainct eftienne Dars /
de lifle de Re / qui eft deuers la mer de lifle qui eft la plus hotainne poin
cte de lifle deuers la mer.   Et fi eft fable (t poincte baffe / (t gift lifle de
Re / dicelle poincte de fainct Eftienne en amont eft. (t oeft ·   Et Va
dicelle poincte de Sainct Eftienne au fueft / Vng quart de feft / (t iras
querir les Antiocheaux par le dedans de bien loing (t en feft fueft.

B iii

Tu iroie ɫ entreroie eɳ pertuys Despaigne par le millieu de luy maie tu iroie amont entour le chasteau Caillon.

Et sache que si tu es eɳ icelluy pertuys Despaigne nomme Antioche/ ɫ soye pres des Antiocheaulp au bas deup Ba a lest nordest/ ɫ iras querir la poincte Sangoɳ qui est a la prochaine poincte eɳ amont de Chief de Boye car ainsi gist le pertuys est nordest ɫ oest syroest/pour aller a la Rochelle/ɫ te demourera Laruardiɳ de babort ɫ sache que les . Antiocheaup ɫ la poincte de sainct Denis gisent nordest ɫ syroest.

ɫ Et saiche quau pertuys Dantioche la plus forte maree/ɫ le plus graɳt coure vient de lest suest/ɫ si tu sondes audict pertuis tu trouueras douze ɫ quatorze brasses ɫ quant tu seras aussi auant comme saincte Marie tu trouueras vingt ɫ cinq brasses crassoye gros cailloucbes/a donc ques ne conuoite poinct le nordest/sinoɳ quant verras les marches/ɫ va la rout te est nordest ɫ oest syroest. Si tu es a huict brasses dehors la poincte de sainct estiëne Dars/va sus le noroest/ ɫ tu iras tout le long des balaines par dehors delle e:ɫ trouueras huict brasses ɫ rochoye a long delles. Et si a terre se trauers delle eɳ loest ou eɳ loest syroest / tu verras vng clos chier/ɫ eɳ amont du clochier (qui est sainct estienne Dars)eɳ suest de luy tu verras vɳ moulin ɫ vne iustice eɳ amont du moulin. Et puis au bas dicelle poincte si tu es a terre a huict brasses/tu voyrras vne aultre poinɳ cte de sable qui sera roitte laquelle demourra au nordest apres/laquelle est la prochaine poincte des Balaines ɫ seras asses pres ɫ du bout des Ba ƥ laines deuers le bas si tu es dehors delles/ va au noroest quart de noxt ɫ tu iras querir latour Dolonde/ɫ va su le noroest tu iras querir la barge droict vent droict coure. Et iuge bieɳ la mercque ɫ comme elle courra car il y court bieɳ fort.

Et de la barge va au noxt noroest/ɫ iras querir sainct Gilles ɫ vne isle qui est deuant lequel oɳ appelle Perrourse au pres de laquelle y a vne po incte de terre noire qui est telle que tu neɳ verras poinct de telle depuislee Barges/iusques eɳ Noirmonstier. Et est icelle pointe appelle la terre de Rye.

¶ Sache que de Perrourse si tu va sus loest/tu iras querir Lissedieux sef
sableres la ou lon mect lancre ¶ ya bon rade ¶ sur.

Et de Lissedieux va au suest/tu iras querir la barge Dolonne/voil
re mais que tu soye a la poincte des corbeaux qui est deuers lest: laquelle
poincte est bien dangereuse car au dehors delle ya vng grãt rochier/ que
lon appelle les Coustons qui couuret de plaiue mer pareillemãt ya vng
aultre dangier qui ne descouure point iamais sequel lon appelle Recoup
sus sequel la mer rompt quant elle est grosse ¶ de basse Mer ny demoure
guaires deaue plus de trois brasses/¶ est fort dangereux qui ne luy don
ne ryn de grosse mer.

De la barge Dolonne va a lest suest/¶ tu iras querir le partuys Ber/
ton/¶ Conche de Vache.

Et sache que en pertuys Verton au dehors de chief decors qui faict le par
tuys a huyct brasses ¶ gras sable. Et seras asses pres de terre ¶ ne va
plus en terre de celuy coste deuers lest car tu es asses pres.

Sache que en terre de balaynnes troueras vViii. brasses ¶ sables menu
¶ seras en chenal. Et tu congnoistras la diuise au sable qui nest pas tout
semblable. Et si tu passe entre les deux barges Dolonue ¶ veille af/
fer le bas range terre desque te seras passe ne range point les dangiers
deuers terre quant seras passe les deux barges iusques a ce que tu aye
apporte le chasteau de la chausme qui est sainct Cler au grans puys des
sables. Et adonc tu pourras seurement serrer a terre ou bien aller droict
pour aller le bas. De la barge Dolonne va au suest/vng quaet de
su / et tu iras ¶ passeras dehors des balaynes ¶ rangeras la poincte de

B iiii

fainct Eftienne Bars bort a bort/celle qui eft dcuers la mer.Et de faiet
Eftienne Va au fu/fueft/τ tu iras tout le long de terre de poincte apoinτ
cte/iufques a la poincte de fainct Denys Doloptoη.

Lifledieuτ τ les afnes de Bordeaulp gifent noroeft/τ fueft/ quart de
noit/τ quart de fu/τ ya de lung a lautre   Bingt cinq fieues.
Et fi tu faulp a trouuer les afnes iras entour Cordanne q eft Bne grant
tour qui eft de lautre cofte de la riuiere mais il ya de grans dangiers au
deßors delle entre elle τ les afnes. Et auffi tu iras pres de Re/τ Dolopτ
roη/τ te donne garde de la terrage des afnes fi tu Bas de nuict/car il ya
grans dangicrs.Bellifle τ Archaffoη / Va au fueft/quart de fu / τ iras
pres de deup Banc qui font au noit/Darchaffoη.

Sensupt du boucault de Bayonne.

E fper de Fonterrabpe τ le Boucault de Bayõne gifent
noxdeft τ fpxoeft/τ pxens du noit/τ du fu/Bng petit.
De Fonterrabie/qui eft deßaus le fier a fainct Jeßaη de
lup pa deup fieues τ fi pa Bng rochier entre deup.Et faη
che bien que quãt la mer to mpxa de deup tõbles du plaiη
de la mer neBa pas querir le boucault garde toy bieη car
il ny Bault tieητ fi les rochier ne rõpt pointBa feuremẽt.

La premiere poincte de terre que tu Berras eη noxdeft/de fainct Jeßaη de
lup qui eft Bne poincte de terre noire.Et deffus pa Bne eglife τ Bng Bil
lage/ceft l a pointe de Berrp/τ fi ne Berras poinct de terre ny de roc aup
falloife de Berrp eη amont/ τ ne feront que fables / lefquelz fe monftreτ
tont tous efgaulp τ bas iufques au gouffre,qui eft eη amõt du boucault
. deuers feft/fueft) τ fa tu Berras de grans pups de fabfe τ ßault τ feront
roup deffus.   Et Berras celluy trauers Bne grand tour ßaulte qui fe
monftrera comme Bng clochier/Ba au noit/de tous ces grãs pups de faη
ble roup tant que appoxte la tour deffufdicte au fu/fuft/de toy / τ tu feras
deuant le Boucault/ τ a loxs tu Berras Bng grand pups de fabfe blanc
qui eft deuer s le noit/de fentree qui eft roitte τ tout decouppe / car eη noit
de celluy pups tu ne Berras de fi grant pups cõme il pa eη fu/ne fi roup.
Et fi Berras eη fu/du boucault Bne Broffe de bops qui eft pres de la mer/
plus pxes que toutes les aultres τ eft pxes du bouchault.

Et tu trouueras pres de terre bort a ß oxt a Bng gift de Canoη/ Binτt/τ
Bingt τ quatre Braffes τ npa nul reτos ne nul abxie / fi ce neft quant le
Bent Bient de deffus la terre.   Et pa tel fieu ou il pa quatre Bingtz
bxaffes τ foipante Bxaffes.

Et sache que tout nauire qui abandonne ꝗ frappe a la coste ꝗ il frappe
en gouffre tout est perdu ꝗ mort. Et les corps des gés sen Dont tousiours
en icelle coste ꝗ non ailleurs de tourment si Dieu ne leur faict grace.
De Boucault a sainct Sebastian y a   vii. lieues
ꝗ Si tu veulx pouser ou sier tu auras bon abris de noroest de oest de sy
roest ꝗ de su/ꝗ le vent de noit de noroest te viendra de dessus la poincte ꝗ
y aura beau font de sable /ꝗ mectz ton ancre a huict brasses.

Du fier.

ꝗ Le fier est ung cap/ꝗ a ceulx qui sont au bas de luy il se monstre e)
stre long a bas a la mer / dehors de luy y a vn petit isle pres du cap qui
se monstre comme vn faraillon/ꝗ en amont du fier la prochaine poincte
est terre rouge.

ꝗ Sache que en amont du fier toute la terre est egalle ꝗ plange/ꝗ ne voy
ras plus de haulte terre que vne montaigne qui est en terre. Laquelle est
roitte devers les ꝗ en hault delle voyrras vne autre montaigne pointue
dessus ꝗ non plus comme ceste montaigne.

❡ Et la seconde poincte amont du Fier / est terre blanche ⁊ le trauers del
le dehors y a vng rochoys / ⁊ en amont de celle poincte blanche est sainct
Jehan de Luy / qui est haure de barre.
De sainct Jehan de Luy / a Fonterabye y a   deux lieues
De Fonterabye a sainct Sebastian y a   quatre lieues
❡ Sache que tu voyrras en su / de Fonterabye / vne montaigne qui est
haulte ⁊ a dessus quatre bosses comme quatre cornes qui a nom la lune.

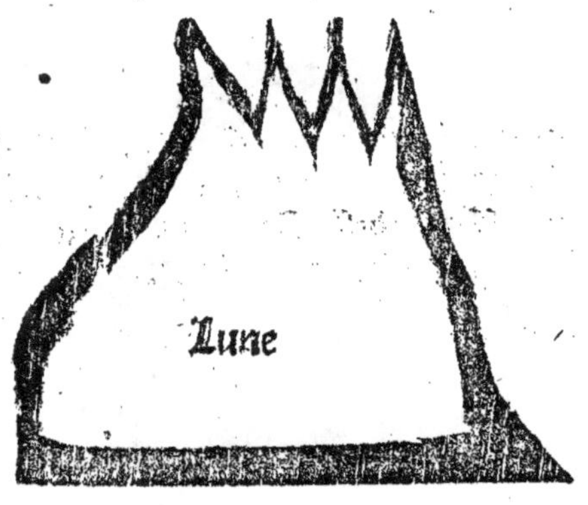

De la mer.

℃ Si tu veulx aller au passage/ qui est haure de toute maree la meilleu
re congnoissance qui y soyt empres le Fier cest môt orguilleux. q est vne
grosse môtaigne/ sus laqlle y a vne tour asses haulte/ z est entre labbaye
de s. Sebastian z se passage z thaure de s. Sebastian est en thault de luy.

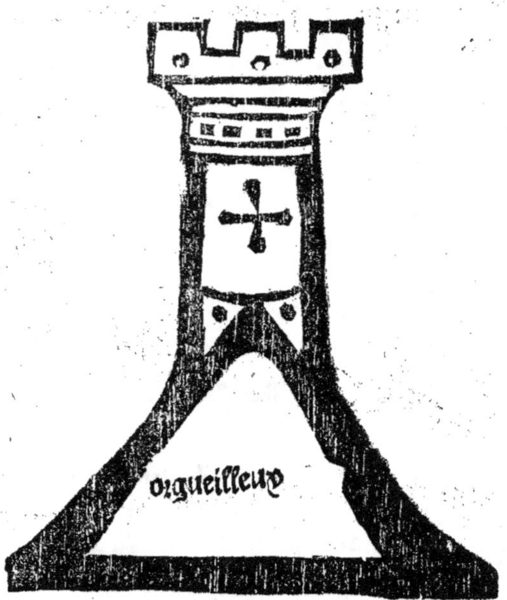

℃ Et puis quant seras pres / tu voirras vng gros puys de sable qui est
pres du haure en amont/cest le passaige il ny a que vne montaigne entre
deux qui a nom la Bataillere.

¶Tu y auras abris de tout temps /e pourras entrer de toutes marees
mais il y a Vne rocche a lentree qui te demoura deuers soest e si neparoist
point/mais Va par le meillieu a moins de Vent que de cest ou oest quart
de syroest/tuny scaurois entrer sil ne faict calme/car il y a grant reuoc.
En aual de mont Orgueilleux/ya Vne montaigne laquelle est poincture
dung bout e basse e bossue Vng petit/e est bien longue ainsi que tu Verras
par ceste figure.

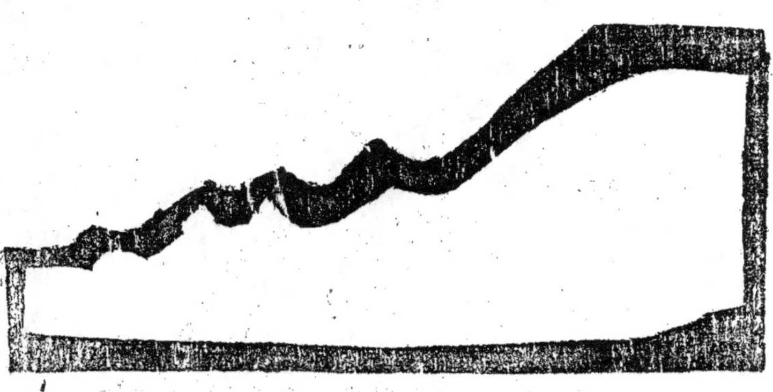

¶Lisle de Cathatie est aual de Sainct Sebastian quatre
lieues.
¶Et quand on est au bas de luy il se monstre tel comme
cy dessoubz.

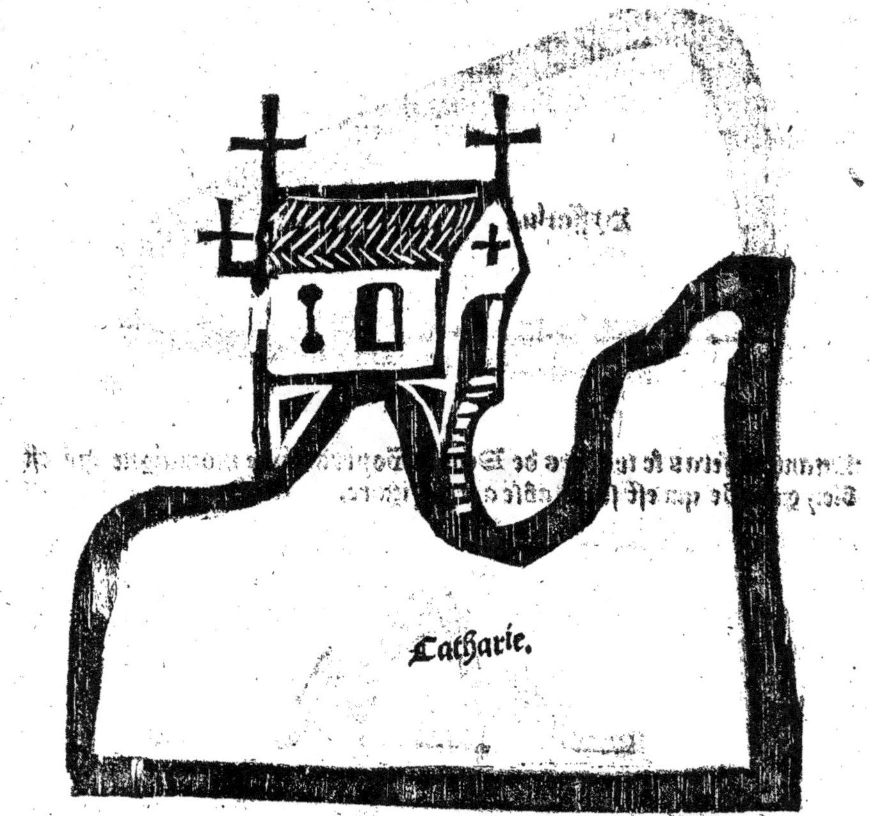

¶ Si tu veulx pouser a Catharie/pouse en su suest de lisle/ τ pres. Et tu auras abris de noit noroest τ de oest:τ te viendra oest syroest dentre lisle τ terre.τ syroest dentre lisle τ terre. τ syroest dessus la terreτ su suest aussi τ il y aura douze brasses de parfond τ bonne tenue.

¶ Sache que le trauers de sommaye y a vne mantaigne qui sappelle Hyssaris τ deuers lest elle est roitte τ bien apic.

Et sache que entre Deue τ Sommaye est terre blanche/sus la couste De Catharie a Sommaye y a vne lieue.

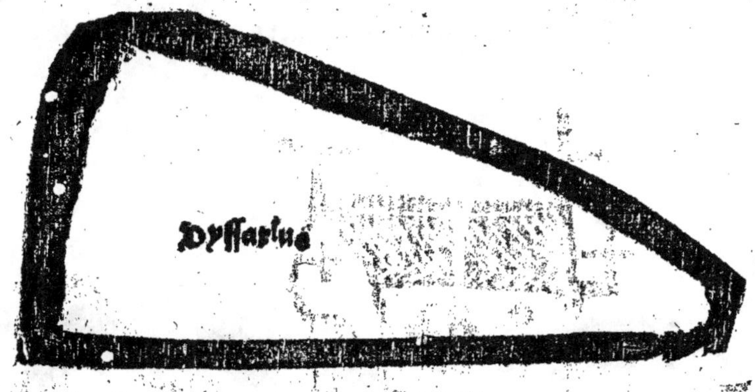

Quant tu feras le trauers de Deue tu Voyrras Vne montaigne qui est
Bien grande qui est semblable a ceste figure.

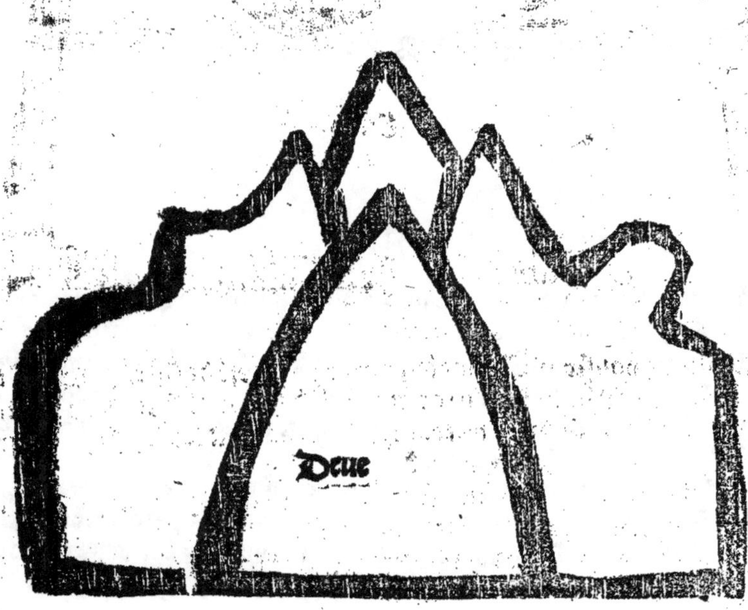

Et quant tu seras pres de terre tu pourras veoyr la chappelle de saincte
Catherine/ qui est dessus une montaigne devers lest aupres de la couste
en hault du haure.

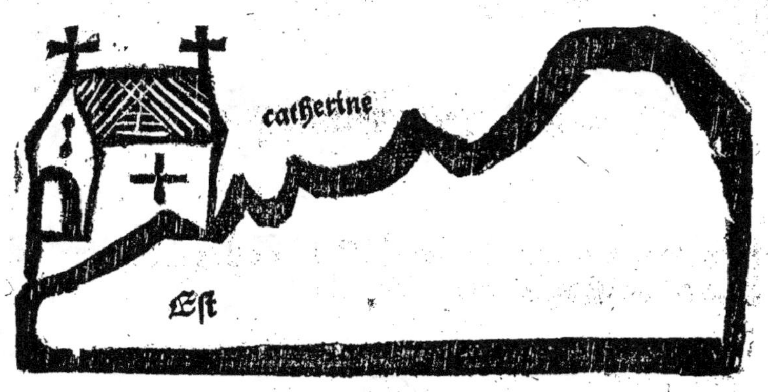

Sache que au bas de la Ouest yue ya une montaigne qui est pres du haure & au bas de luy. Et en amont delle & pres de terre y a une isle que lon
appelle sainct Nicollas. Et pour bien cognoistre la questiue la meilleure
de toute & les congnoissances qui sont/ Cest que voyrras une petite montaigne poinctue qui est dedans auant que voye saincte Catherine : ny a-
uant que voye lisle de sainct Nycolas.
Et saiche que ladicte montaigne qui est au bas du haure se nomme Hoggo
ingne/ & elle est roitte devers la mer & toute blanche & pelee & est rangee
la mer & en hault de Dermeo / & quant lon est au bas delle elle se monstre de telle figure.

¶ Sache que deuant Sermeo / y a vne isle qui se nome
lisle de Essayrault. Et se monstre tel.

¶ Sache que quant tu seras aual de Machessac/il te appa roistra ditels
te maniere. Mais quant tu seras en amont il se monstre estre plus rond
a plus hault du bout damont.

¶ Si tu veulx pouser a Machessac/pouse a douze brasses ou quatorze/z
tu auras bon abris de norroest/z de oest z de syroest/z de su/z de suest.
Sache que en aual de machessac/y a vne montaigne roitte z haulte z est
forchue z cornue comme ceste figure.
Et se nomme zadde.

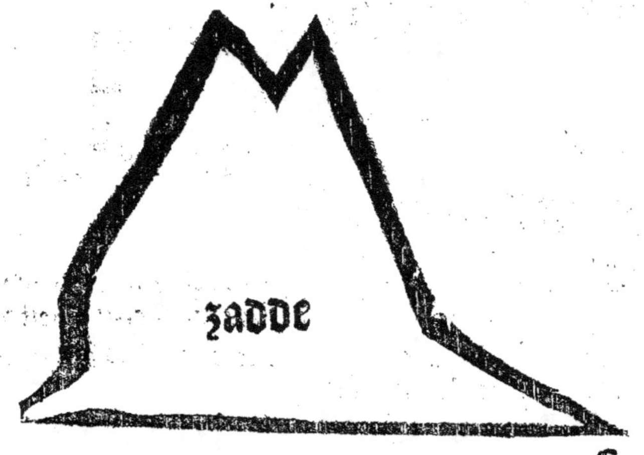

Sache quen amont du Maillart τ de lentree de plaisance y a vne montai
gne bien grosse τ bossue vng petit. Et vng isle que lon appelle lisle du
Maillart qui est amont.

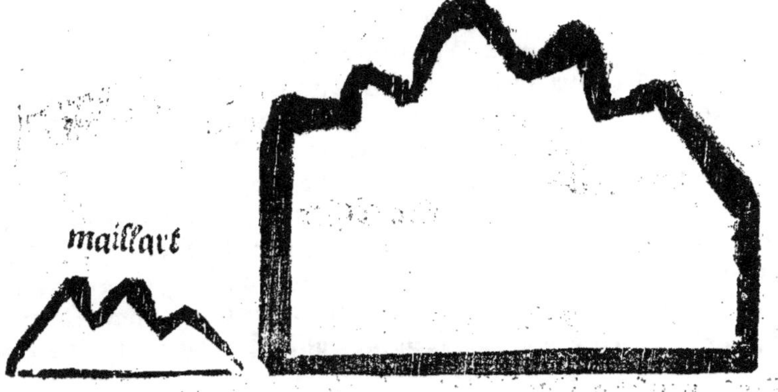

Du maillart a Machessac y a quatre lieues/τ du Maillart a la Gallee
deux lieues.
La Gallee cest vne poincte longue τ de telle maniere.

Si tu veulx pouser au Maillart qui est devant lentree de plaisance des
uers le su/tu auras abris de oest de suroest de su de suest τ dest de nordest
τ te viendra nort dessus la poincte τ oest noroest dessus lautre poincte il y
a bon font cest vase et bonne tenue.

❡ Quant vouldras pouser ne pouse poinct iusques tu aye ferme la terre
du bas dedans la poincte/qui faict lentree deuers soest noroest ❡ quant
tu sauras ferme lune parmy lautre ❡ tu voyrras vng petit chemin qui
est en sable rangeant la poincte deuers le noit par le dedans de la poincte.
Et icelluy chemin ouuert dicelle poincte de rochoys ❡ la terre de bas fer=
mee dedans lautre poincte mouille ton ancre parcement car il est temps/
par ce quil fault estre pres de terre ❡ tu verras vne isle blanche qui est
dedans/en laquelle y a vne croix dessus qui te demourra au suest. Et en
terre de luy verras vne poincte de bois ferme / icelle poincte dedans la
grosse poincte qui est adroit lisse ❡ tu seras en bon lieu / ❡ tu seras pres
de terre ❡ il y a huict brasses de basse Mer ❡ vase il te fauldra amarrer
noit ❡ su ❡ le tiers ancre au noroest. Si tu veulx pouser dedans la Gal=
lee en la baye de Portegallet ne pose poinct iusques aõ ce que aye ferme
leglise de Sainct Anthon de Castro dedans lautre terre/❡ pause deuers
le noidest par le dehors dune petite poincte qui est la / ❡ pouse a douze
brasses.

❡ Tu doys scauoir que aupres de Castro paroist vne grosse montai=
gne ❡ quãt lon est au bas delle elle semble estre double ❡ quil en ayt deux
❡ ce monstre de telle figure ❡ maniere comme ceste figure cy apres.

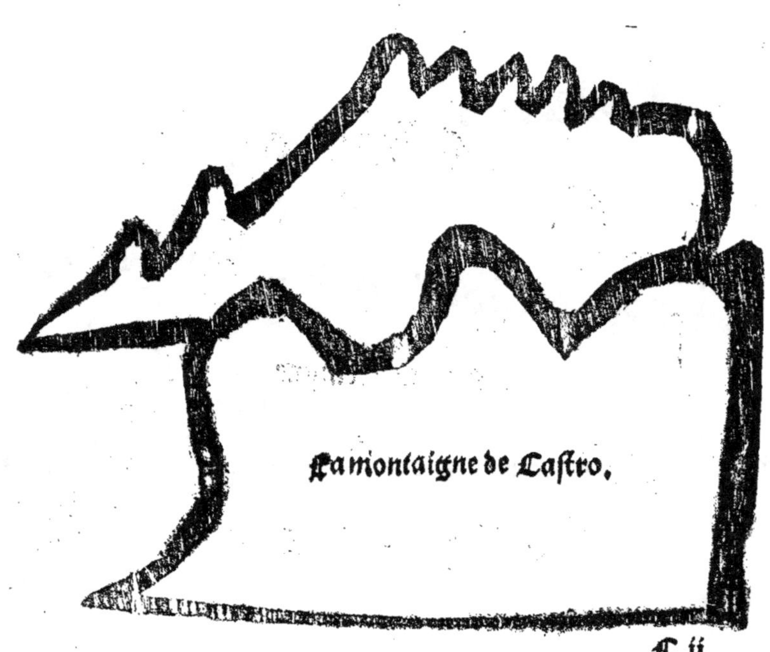

C ii

¶ Les esmes pour pouser a Castro sont telles / car quant tu vouldras pouser il fault que aye vng arceau de pierre qui est entre leglise & vne autre chappelle a ouuert.

¶ Et quant tu les auras a ouuert mectz ton ancre car tu seras assez dedans.

¶ Leglise te demourra au nort / & fault que tu aye vng cable au rochops qui est deuers leglise.

Et aussi a icelluy qui est deuers larceau / & sil y a grosse mer il fault mettre a lung & a lautre si tu puis / & le meilleur deuers larceau / car il cheoit grand vague. Il fault que tu soye bien pres a la longueur dung cable & te fault porter vn ancre ou deux au su / car la tenue est mauuaise & y a mauuais sont car ce nest que sable & rochops. Et auras abris de nort / norest & de nort & de noroest de oest du syroest & de su. Il te fault garnir tes cables de bois / car autrement ilz seront perduz & se mangeroiet au fond. Sache qua lentree de la Conche de Larese deuers Bas y a vne grosse montaigne laquelle est roitte deuers lest.

Et quant on est en shault delle elle se monstre de telle maniere / & semble estre blanche / & sappelle saincte Hoingne.

¶ Si tu veulx pouser a Carede / metz le cap que lon appelle Cauos de
Quefchos parmy saincte Hoigne / et lun parmy lautre cest beau fond de
sable et nonobstant que tu soye amont de la Conche de Carede a ses mar-
ches/tu trouueras bon font de sable/et boute lancre et si puys auoir meilleur il y aura quinze ou seize brasses. Et si tu pouse plus hors tu trouueras Rochois en quel ya asses raiy pour pescher.

Mais si tu veulx pouser a saincte Hoigne en bonlieu/pause le trauers du
moynne/qui est vne pierre qui resemble estre Vn moynne et est quasi en
meillieu de la montaigne de saincte Hoingne/et parce si tu veulx pauser a
saincte Hoingne/pause le trauers du moynne/ et par le dedans de luy le
trauers dune pierre qui est platte dessus et tu trouueras beau fond arsille
et forte tenue/mais que aye bon cable naye paour.   Tu auras
abris de syroest / doest / de noroest/de nort noroest / et iusques au nort/et si
nort te faict tort tu puys bien aller en la conche de Carede/et pourras pousser iusques a trois brasses de basse mer et y a beau font et bonne tenue vase et sable vasouy/et tu auras abris de nordest dest de suest de su et de sy-
roest/mais que aye bon cable et bon ancre et amarre nort et su. Garde toy
de la poincte deuers le nordest/car elle va bien hors presque au meillieu
de la conche/et est rochois et si ya en terre delle et pour le dedans delle deux
brasses bien mauuaises/qui demourent a sec du grant de leaue: et ne seront
point plus loing de toy et de ton ancre si tu pouse a trois brasses de celuy
deuers le nort des deux pars dun cable et parce quant tu iras pouser garde toy bien delles / elle sont deuers le nordest pause le plus deuers le su le
trauers dune petite tour carree qui est sus vne poincte de rochoys bort a
bort de la mer.

¶ Et en su delle et bien pres ya vne grant tour haulte et blanche et carree/
laquelle estdehors de la ville deuers le su/il fault quelle soit ouuertedeuers
le su de celle qui est sus le roc pour toy garder de basse qui est en la conche
come dict est. Et te fault passer ou su delle et en mer et aussi de ladicte poincte qui te demourera deuers le nort.

¶ Il y aura en poup dessoubz toy de basse mer deux brasses et dempe et
beau font de sable et bonne tenue et tu feras en coustumes/car pour ne mets-
tre point en coustume il fault que aye vne poincte de rochoys que Verras
a la poincte deuers lest ouuerte de la grosse poincte de lest qui est icelle
poincte comme vng farraillon et elle te demourera au nordest/ Tu pourras pouser a troys a quatre ou a cinq brasses.

¶ Quant tu feras au nort quart de nordest de Saincte Hoingne tu Verras vn groing de pierre qui est dedans saincte Hoingne que lon appelle

se moynne/elle est toute roitte deuers lest τ terre blanche.Mais si tu atter
re au bas delle τ tu soye pres de terre tu ne la cognoistras poinct mais
tu berras bne itelle terre comme est ceste figure cy dessoubz. Et au bas
delle sont sables τ ya plusieurs rochiers parmy les sables qui resembler
bne terre toute couppee sur la couste / Et est la terre basse saincte Hoin
gne τ lautre montaigne qui est au bas.
τ Et entre ces deux grans montaignes τ au bas de saincte Hoingne est
Noges.

τ E a prochaine montaigne qui est aual de saincte Hoingne sur la mer
Et aual de ceste montaigne ya bne arbre que lon appelle Cauos de
Queschos.

Pour toy garder des deux pierres qui sont debans saincte Hoingne
ne ferme poinct les deux toure lune parmy lautre:car si tu les mectz sur
ne parmy copy par copy tu iras τ seras droiet dessus.

¶ Sache que si tu atterre au bas de saincte Hoingne comme le travers de Queschos que tu Voyras trois itelles montaignes ainsi figurees comme cy apres / dont la plus grande a la plus roitte est icelle qui est ainsi detaillee: a sera la plus en amont des trois a la plus grosse qui soit entre saincte Hoingne a sainct Ander / Est la prochaine de saincte Hoingne / e sont toutes trois sur la mer: Et tu seras pres de terre quant les Voyras en ceste figure a moins de deux lieues.

C iiii.

❡ De l'arede/a sainct Ander ya — — — — — — — sip lieues.
❡ Sache quaup̃es de sainct Ander/ en amont ya deup poinctes p̃es de
la mer/τ deuers la mer τ sappellent Cauos de Quefchos/ τ sont de telle
ma niere comme icy Beois.

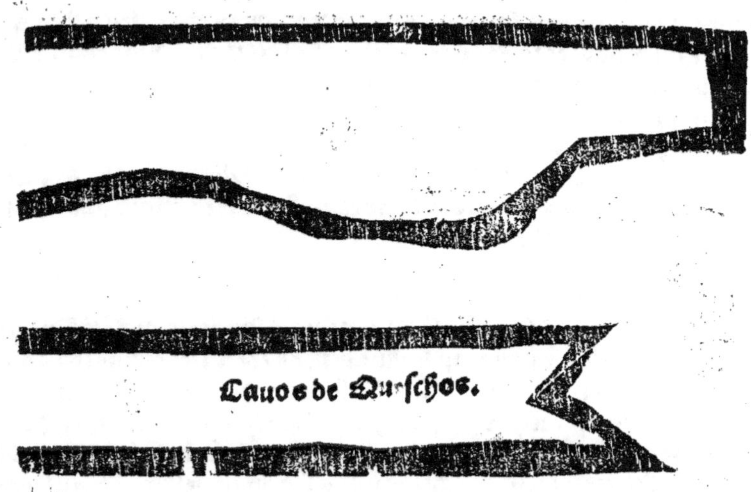

❡ Aual de ces deup poinctes/ Boppras lisle qui est deuant l'entree de s.
Ander. Et ya passee dunadaultre de luy. Mais la meilleure est deuersBas
τ y est le plus parfond si le Bent te peut arriner τ aussi de grant Bagues
est beaucoup meilleure/il te fault aller sus le su suest ou a tout le moine
sus le su quart de suest pour entrer par icelle chenal τ passer deuers l'oest
d'elisle.
❡ Et ne range pas trop lisle du coste deuers l'oest/car il ya Bne basse bie
loingnet de lisle iusques soye aussi auant comme la prochaine poinete/qui
a nom la Magdalene qui est la p̃emiere poincte τ puis iras su le sproest
Si tu Beulp passer deuers le suest de lisle/il fault que ailles sus le sproest
pour entrer dedans. Et tu pourras bien rãger lisle du coste deuers le sur
est car deuers la terre il est soubme.
❡ Pour cognoistre sainct Ander/tu Boppras le focqueroys qui est bas
τ p̃es de la met:car la poincte en laslle il est/est basse/τ au bas de lisle τ
au bas de lance du sable q̃ lonappelle Sardpneres. La meilleure cognoiss
sance qui soit pour cognoistre sainct Ander/cest Bne montaigne poincue
qui est par le dedans laquelle est couuerte darbres. Si tu Bas en Bne ani

ce de sable qui est au bas de lance de sainct Ander qui a nom Sardyne¬
res/pousé a huyt brasses ⁊ tu auras abris de noroest de oest de syroest ⁊ de
su/⁊ te viendra noit noroest dessus la poincte ⁊ ya beau font de sable.

℈ Il ya deux poinctes au dehors dicelle ance de sable deuers le bas les¬
quelles il fault fermer lune parmy lautre pour estre asses dedans cest la
poincte du fouquerois. Et la poincte de la satte/qui est prochaine poincte
de lance de Sardinieres ⁊ lune parmy lautre/⁊ tu seras en bon rabbe el¬
les sont au bas de lance.

℈ Et sache que si la mer estoit si grosse quelle barast a trauers de la che¬
naf entre lisle ⁊ terre/⁊ que tu ne puisse entrer dedans/.mectz ton ancre en
ladicte ance de Sardinieres/⁊ tu ne craindras rien/mais que aye bon ca
ble ⁊ bon ancre car il ya forte tenue.

℈ Item sache quil nya poinct de fouquerois de Machessac/iusques a S.
Ander/si nest a Castro. Et tu pourras cognoistre sainct Ander au fou
querois / ⁊ aussi a lisle qui est deuant sainct Ander / qui est vne isle bien
haulte ⁊ rõde/⁊ nest pas trop sainne deuers soest siroest/ne te range pas
trop dicelluy couste car il ya vne basse qui paroist de basse mer. Mais de¬
uers le suest/il est bien bon ⁊ seur. Si tu veulx aller ⁊entrer en sainct An
der/sache que tous vens qui te porteront sus le syroest te mettront dedãs
sainct Ander certainement car il fault aller au siroest/qui veult passer en
terre de lisle deuers le suest / ⁊ qui veult passer deuers soest de lisle qui est
la plus grande chenaf ⁊ la meilleur de vagues ⁊ la plus seure / Il fault
aller au su suest/a tout le moins ⁊ au su car de suest iusques tu soyes aussi
auant comme la premiere poincte qui est au dedans de lisle deuers le sy
roest/laquelle poincte est bien seure/⁊ la puys bien ranger.   Et ya vne
chappelle par le dedans delle que lon appelle la Magdalene. Et puis dis¬
celle poincte il fault aller au syroest/⁊ va iusques soye le trauers de ladi¬
cte chappelle qui est sus vne poincte de rocho is bort a bort de la Mer/ qui
est bien loing lauant de pierre percee en syroest/⁊ pousé en sest delle ⁊ de
la chappelle que lon appelle sainct Martin ⁊ amatre noit ⁊ su/car il est as¬
ses parfonds ⁊ ya bon font ⁊ bonne tenue ⁊ est la prochainne charpelle de
la ville qui soit pres de la mer.   Et ne pousé point lauant delle car tu se¬
roys en coustumes .   Si nas conge daller a la ville.   Et mectz ton
meilleur ancre au su/⁊ ne mectz pas a sec sans conge.   Ne va pas auec¬
ques le nauire a la ville sans conge/car tu seroys confisque.   Et si tu
veulx aller a la ville pour toy garder dune pierre qui est dedans / bien
pres de la ville / ou il ya voluntiers vne croix de fer dessus / ⁊ asseic¬
plus dune brasse de hault de basse mer.   Pour toy garder delle ⁊ scauoir

quant feras en mer delle il ya vne montaigne poinctue deffus qui eft au
bas de la Ville bien loing outre la/de la Ville et auffi de lautre terre qui eft
entre la Ville et elle/et tu ne crains rien ladicte Baffe ou eft la croix de fer.
Et pour fcauoir le trauers delle/tu auras vne chappelle qui eft en hault
fus terre deuers le noit de la Ville que lon appelle fainct Sebaftian/a ou
uert des fxubours et pecherie de fainct Ander deuers left/fois tu feras le
trauers delle. Mais quant tu auras ladicte chappelle parmy le meur de
la Ville qui eft lauant de la pecherie fois tu lauras paffee.

℃ Si tu veulx poufer deuant la Ville a la meilleu re mer que quil foit
pour toy garder de la Baffe ou eft ladicte croix cy eft mettre le clocher de
leglife parmy vne tour carree qui eft en vn viel chafteau et la groffe tour
du chafteau laquelle il fault mettre parmy ledict clochier. Et fois tu au
ras paffe ladicte Baffe et toutes les autres/et ne les crains rien car elles te
Demourront toutes deuers noit.

℃ Si tu poufe deuant ladicte Ville/mectz les deux tours de la chainne lu
ne parmy lautre et poufe affes hois adix ou a douze Braffes et amarre
noit et fu car fu et fyroeft/y Battant foit. Et parce amarre Bic deuers le fu
et mectz le meilleur ancre et cable car il ya mauuais lieu de fu. Sache que
deuers le noideft/de lifle de fainct Ander ya vne Baffe qui demeure bien
vne Braffe a fec hault.

La prochaine poincte a Bal de celle du Foucquerops eft fubmeBie hox
garde toy delle en allant le bas ou le hault. Les deux prochainnes poin
ctes qui font au bas de fainct Ander/et delance de Sardinieres fe mon
ftrent itelles.

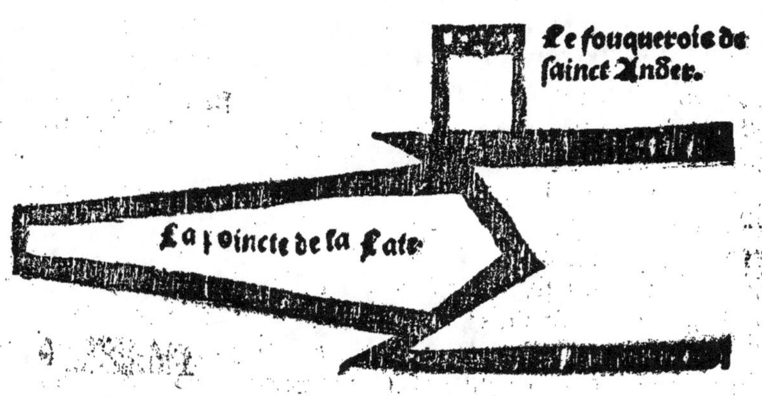

Sache que la montaigne en laquelle est la tour de Lyncres/quant tu se
ras au bas delle elle se monstre estre telle ↄ est fourchue dessus comme
ceste figure.

Et amont de ceste montaigne ↄ pres Berras une montaigne poinctue des
sus ↄ est par le dedans de s. Ander. Et aual de Lyncres Boyrras une
autre montaigne poinctue dessus/qui sera en lamont de s. Martin des Ary
gnes ↄ est en terre dessus la coste. Et souz le bout daual de la montaigne
de Lincres/Boyrras du sable bië hault sus terre/ↄ est böne cognoissäce de
sarresons car le sable est hault. Et aual dicelle petite montaigne ↄ du
sable / tu Boyrras deup farraillons ou trois/dont le plus hault des deup
farraillons est tel / ↄ est rägent Lyncres ↄ au bas Berras deup mottes
de sable.

Et aual de ces trois farraillons voyiras vne ile le poincte/ et pres deau
qui est deuers lest de lentree de sainct Martin la poincte est ditelle ma
niere.

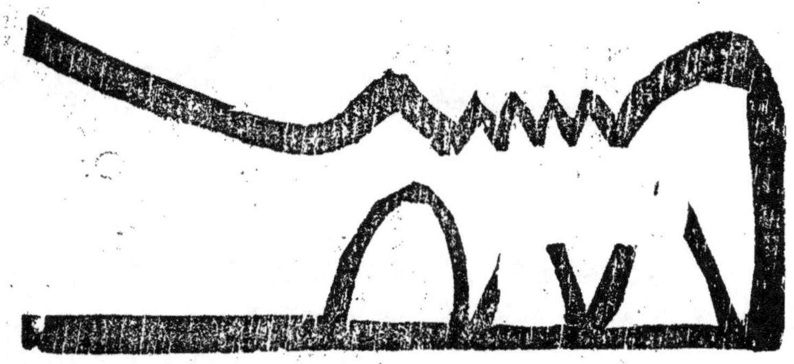

❡ Sus la poincte qui faict lentree de Sainct Martin deuers bas/ y a v
ne tour bort a bort de la mer/ Et icelle poincte auecques la tour est ditelle
figure.

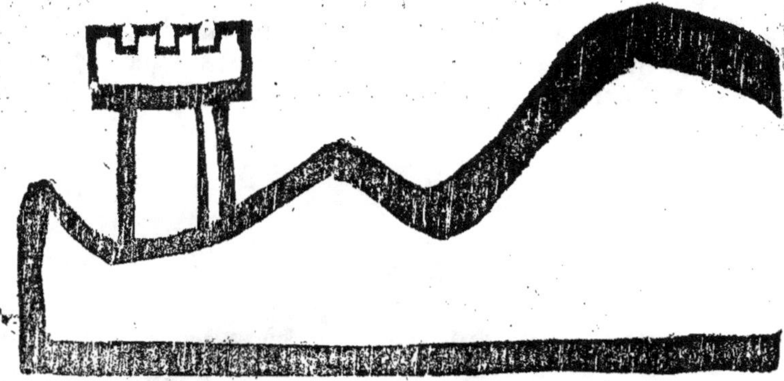

¶ Et aual de sainct Martin ⁊ pres verras vne poincte quand seras au
bas de luy laquelle poincte est semblable a ceste cy ⁊ est au bas de sainct
Martin.

¶ Et aual de ceste poincte verras vne petite ancre de sable/⁊ au bas del/
le sus la prochaine poincte verras vne chappelle ⁊ en terre verras vne
tour deuers loest sus la poincte. Et puys verras vne autre ancre de sa/
ble plus grande ⁊ plus aual/⁊ la prochaine poincte au bas delle sera len
tree de sainct Vincent/celle deuers lhault ⁊ la poincte deuers lhault qui
est toute pellee ⁊ est soubme a la mer.

¶ Auant lentree de sainct Vincent y a vne petite isle/ assez grand ette/
⁊ asses haulte/⁊ au bout damont est le plus gros ⁊ le plus hault/⁊ est rõt
⁊ va en appointant deuers bas ⁊ au bout damont ⁊ y a vn farra illon.
Et y a passee dung bort ⁊ dautre/la meilleure de gros temps ⁊ de grosse
vague est deuers loest de ceste isle/nonobstant que la passee est bonne en
terre de luy de vent qui arrime ⁊ rangent de luy. Et est semblable a ce/
ste figure.

Si atterres au bas de sainct Vincẽt/tu verras les tranchees de sainct
Vincẽt/qui sont au bas du haure/et pres de luy(q est vne terre qui est biẽ
tranchee comme morceaulx de sel) par trois ou quatre lieux/τ si es au
bas du haure tu verras deux farraillons comme deux petites isles/qui
sont a lentree devers bas τ ya passee entre terre τ eulx τ dung bort τ aul
tre comme devant est dict.

Et si tu veulx entrer devers lest/range les farraillons/qui sont comme
vne isle/τ te demourront devers le nort qui sera destrebort entrant / mais
au dehors deux y a vne basse bien hors au bout devers la mer / τ parce
baille leur bon vyn iusque soyepar le dedans deux τ le travers deux si tu
passe devers lest.

Si tu passe devers loest de ceste isle/que lon appelle lisse du farraillon τ
est range devers loest/car il est le meilleur τ y a revoc de vent doest / sus
la poincte devers loest/du haure de sainct Vincẽt/qui est bien grosse poin
cte verras vne chappelle.

Si atterres travers de Luerque qui est au bas de preux τ y a huict lie
ues.Dabilles/tu verras vne chappelle blanche qui est bort a bort de la
mer τ amont delle τ pres/τ verras vne poincte τ ne verras point daul
tre chappelle que celle entre Luerque τ Ribedoe.

De Luerque a Ribedoe y a   huict lieues
Si tu atterres le trauer de Ribedoe/τ tu verras montegue qui est vne mõ
taigne haulte.   Et si tu es le travers delle:tu la verras haulte sus
laultre terre τ voyrras sur elle vng itelles groingnault comme ceste fi
gure.

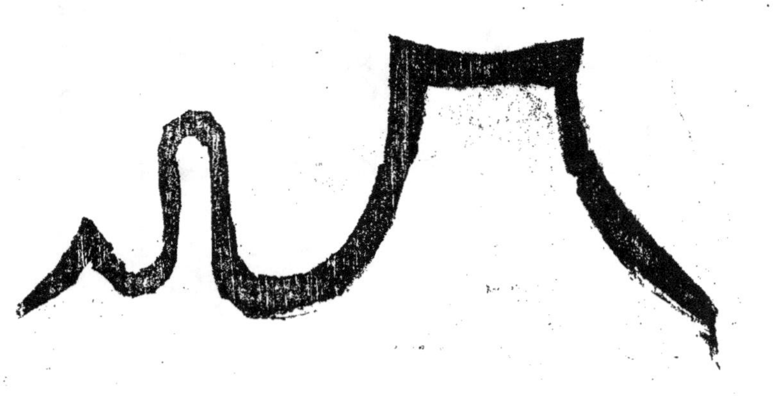

¶ Et quant apprrocheras de terre/tu verras vne petite mõtaigne en a/
mõt de Montegue/q̃ est poitue et forchue dessus. Quant elle sera amont de
Montegue et tu seras le trauers de lentree de Rybedoe ou bien pres au
bas et tantost verras la ville.

¶ Sache quau bas de Rybedoe/tu verras vne grant tour qui ressem=
blera estre vn chasteau et est pres de la mer et puis voirras plus bas vne
autre tour carree qui nest pas si grande comme lautre de grant chose.

¶ Et entre celle tour et lisle sainct Cyprian qui est au bas de la voyrras
vne grande boye/que lon appelle chaure de blasme/et en celle boye sont
sables le long de coste.

De Rybedoe a sainct Cyprian   ya sept lieues.
Quant voyrras lisle sainct Cyprian/qui est a lesspe de chaure de la bla
sme deuers bas/et tu soye le trauers demy et pres / et il se monstrera estre
tel comme ceste figure quant seras le trauers de luy: et en terre de luy est
sable.

⁊ De sainct Cypryan a Diueres/y a trois lieues ⁊ y a vne poincte entre deux.

Si tu es le trauers de lhaure de Blasme amont de lisle sainct Cypryan/ tu voyrras vne poincte de terre qui semblera estre telle/ ⁊ est au bas de lisle sainct Cyprian.

Lisle de sainct Cyprian ⁊ cap de Dayres gisent noroest ⁊ suest. Le cap dessus figure quant lon est en lhault de luy/il se monstre tel:⁊est le prochain cap qui est au bas de lisle sainct Cyprian ⁊ est pres de luy Et est amont de lentree de Diueres/⁊est le farraillon dehors deuers la mer. Et en terre de luy est la terre basse / ⁊ semble estre la terre decouppee en terre de luy comme vne isle. Et quant approcheras il se mõstreta estre tel. Mais quant tu seras en lest du cap Doztigueres/tu voyrras vne itelle poincte/laquelle est amont de Diueres/⁊ pres la poincte dessusfigurer mais elle est contrefaicte a qui est au bas delle/⁊ par especial quant lon est entre le cap de Dayres ⁊ Oztigueres/⁊ se monstre estre telle.

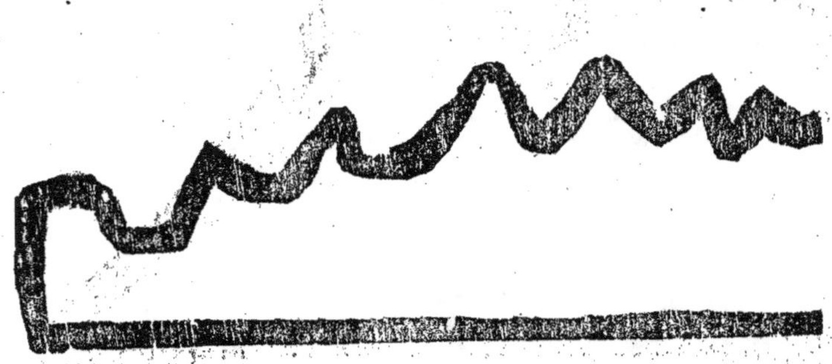

¶ En amont de ceste poincte ¢ aussi de lisle sainct Cyprian / quant tu ser
ras pres delle tu verras vne poincte en amont de lhaure de la Basme la s
quelle se monstre estre telle comme tu voys ceste figure. Et ceste poincte
cest lune des deup poinctes deuant dictes ¢ figurees ¢ est poinctue deuers
la mer.

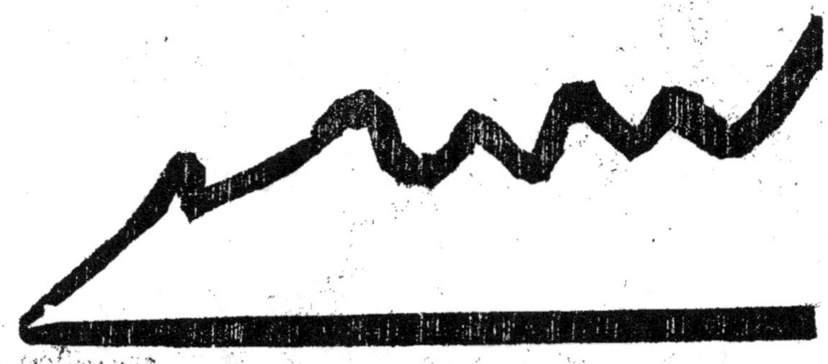

¶ Deuers lest de la baye de Diueres ya vne itelle poincte / ¢monstre estre
comme vne isle comme tu verras cy apres figure:

D

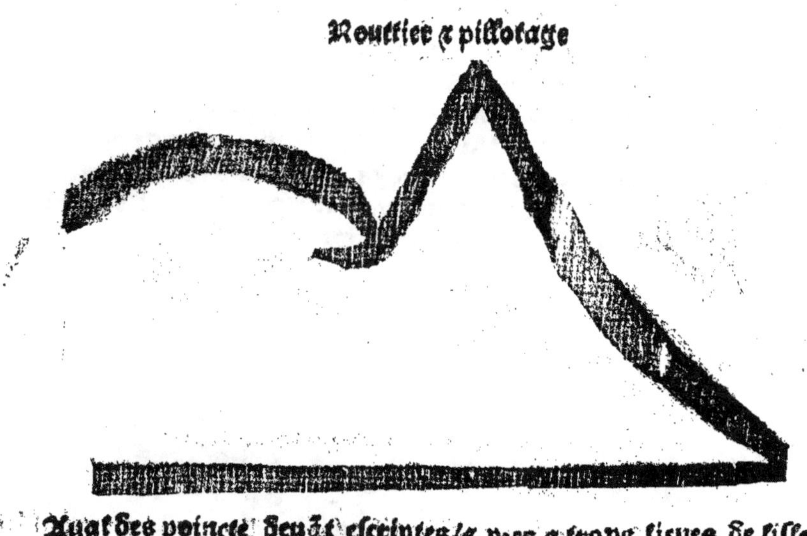

Auãt des poincte deuãt escriptes/τ pres a troys lieues de lisle sainct
Cyprian τ de la poincte denant figuree sa baye entre deup τ au bas de
le eu Berras une grosse isle qui est ronde τ haulte τ fourque dessus une
baye entre deup/entre le cap deuãt escript τ ceste isle q̃ est sa baye de lentree de Diueres car ceste isle est au meillieu de lentree τ baye dud sieu de
Diueres τ y passe lon. Et quant lon est amont de luy il se monstre til.

Quant tu seras lest nordest Dortigueres/tu voyras amont du cap de Vaypres vne terre basse sur la mer/ qui est longue poinctue/ ẽest par petittes bosses ou montaignes. Et tu voyras vne petite mõtaige poinctue dessus langent lentree de saincte Martre ẽ pres du haure en amont.

Quant lon est au bas Dortigueres/ẽ par especial quant on est le trauers de Cideres/ortigueres se monstre estre itel cap si tu es pres de terre.

Les farraillons qui sont dehors Dortigueres quant tu seras au bas deulx/il se monstreront telz comme dessus. A Dirtigueres ẽ ca de Priours gisent nordest ẽ suroest/Et ya de lun a lautre sip lieues.

Si tu es bien hors ẽ soye au bas Dortigueres/ Dirtigueres ẽcap de Vaypres les deux ensemble lun parmy lautre / se monstreront vne itelle poincte/ quant seras au bas deux.

D. ii.

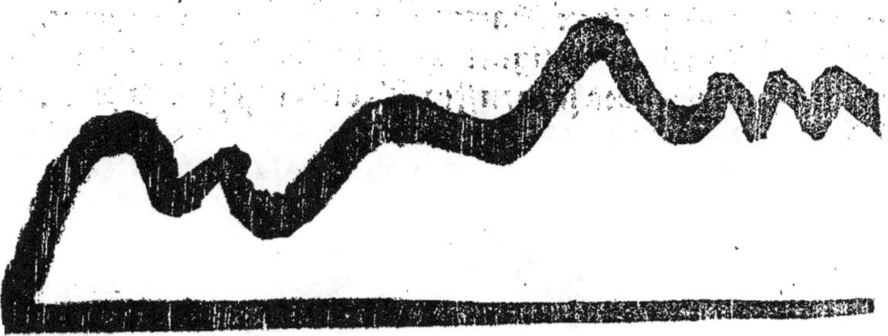

¶ Des Ortigueres a Cyberes ya deup lieues/et est Cyberes au debas Dortigueres et la premiere grosse poincte quetu verras au bas elle se mõ stre itelle quât lon est en lhault delle le trauers Dortigueres. Cest la poin stede Syderes celles qui demeure deuers lhault du haure.

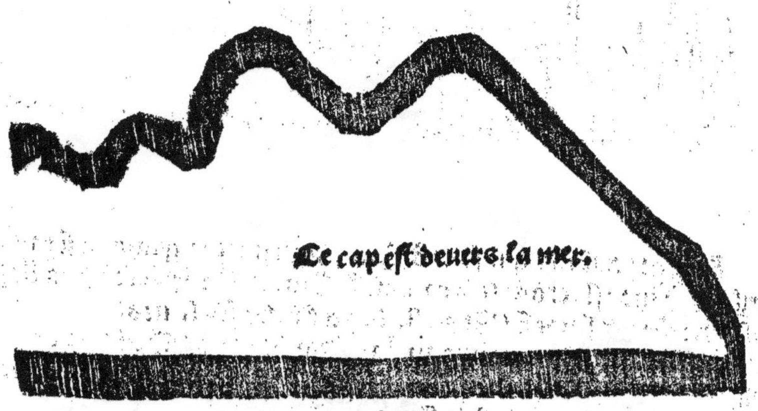

¶ Aual de ceste poincte etranglt elle est labaye et entree de Cyberees/en tre ceste poincte ya vne ance de sable que verras aual de ceste poincte/et le prochain sable et est pres de la poincte car entre ceste poincte et Cap de priour ya deup ances de sable ou trois et par ce si tu veulp aller et entrer e\$

Cyderes/Va entre lance du sable la plus en amont de cap de priour ꝗ le
cap denant escript. Et range le cap de Babort ou Destrebort/car en meil;
leu ya vne pierre/mais range de Babort en entrant sil est possible si le
vent te peult porter/car il te fault aller au suest mais quon ait double la
poincte deuant escripte.

¶ Quant tu seras amont de cap de Priour/il te semblera itel. Et semble
estre vne isle: mais cest terre certaine. Et deuers le norcest ya deux far;
raillons en semblence disle/ainsi que vois par ceste figure.

¶ Quant tu seras au bas de cap de Priour il te apparoistra estre ditelle
figure comme icy apres

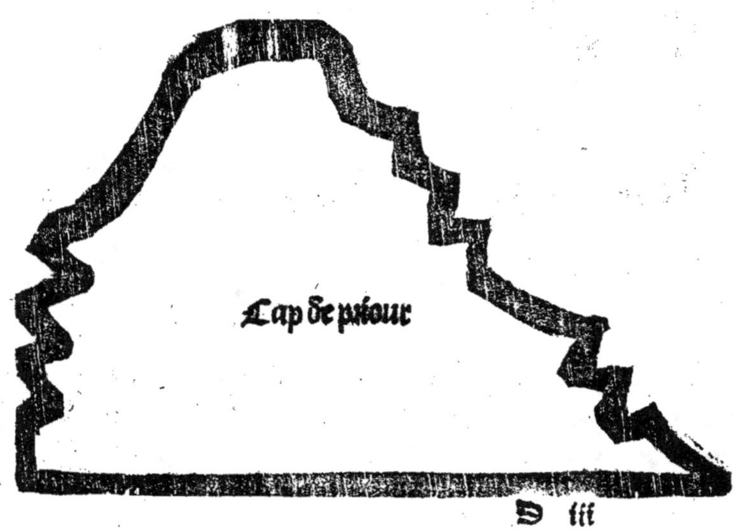

D iii

❧ Entre le cap de priour ϕ l’āgent luy/est fable enterre ya ͚ne tour asseſ
pres ꝺ la mer/ϕ pres des ͚illages ϕ pce ſil faict cler tu ͚erras la tour de
ſer aual ꝺ toy/ϕ pareillemēt elle est aual ꝺ lēttre de la coulongne. Sache
quau bas de cap ꝺ priour deuers le ſu/tu ͚erras ͚ne petite iſle ϕ asseſ grā
ꝺette en ſu ſyroest de cap ꝺ priour. Et en terre ꝺ ceste petite iſle deuers le ſu
roest ͚erras ͚ne ance de ſable. Et la ꝓchaine poincte ꝗ ͚erras en ſyro
est du ſable/ſera la poicte ꝗ faict lēttree ꝺ la baye de Ferrō/la poincte deſ
uers le nort de la baye.   Et luy donne bon ryn/car de groſſe mer elle
est dangereuſe ϕ rompt dehoꝛs bien loing. Et ya de cap de priour a celle
poincte de Ferrō deux lieues. Sauoir est ͚ne a la petite iſle qui est entre
deux/ϕ lautre a ladicte poincte de Ferrō. Et deux autres lieues a la Cou
loigne ya quatre lieues ſache quū mer de cap de priour/ſi tu es au bas de
luy tu ͚erras ͚ne petite iſle/ϕ deux ſarraillōs de cap de priour a la cou
loigne/͚a au ſu ſueſt/ϕ pres le milleu du ſu/car ſi tu ͚oy s au ſu ſueſt tu
iras ϕ rāgeroys deuers la terre de Betāre/ϕ pꝛens du ſu. La poincte de
Ferrō celle deuers le nort est terre rouge/ϕ est celle qui est la plus dougee
deuers le nort/ϕ auſſi est celle deuers la mer il te fault aller pres ͚ne lieue
en terre dedans la baye pour estre en rade/ladicte poincte ſe monſtre tell
le deuers le nort.

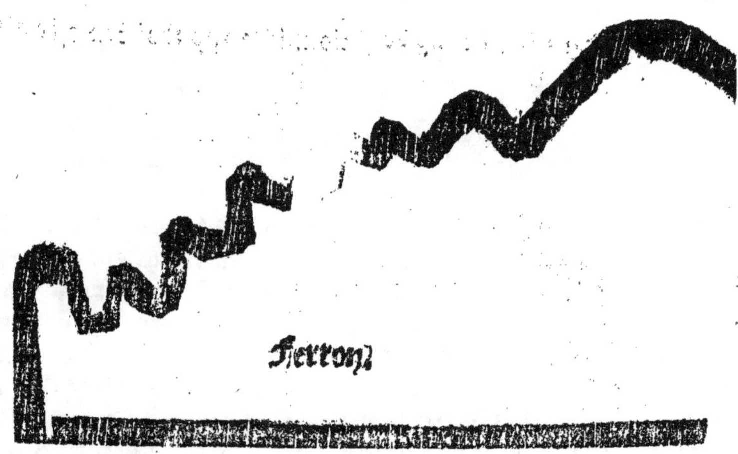

❧ La prochaine baye de ſable ꝗ ͚erras en ſu de la baye de Ferron/cest la
baye du Betance. Et tu ͚erras deuers le nort de la poincte ͚ne iſle asseſ
grandette ϕ est celle poincte ꝗ faict la baye du coste deuers loest/ϕ ya ͚ne
petite iſle encoꝛes plus pꝛes de la poincte.   Et iras pouſer deuers le ſu
ſueſt de celle poincte.

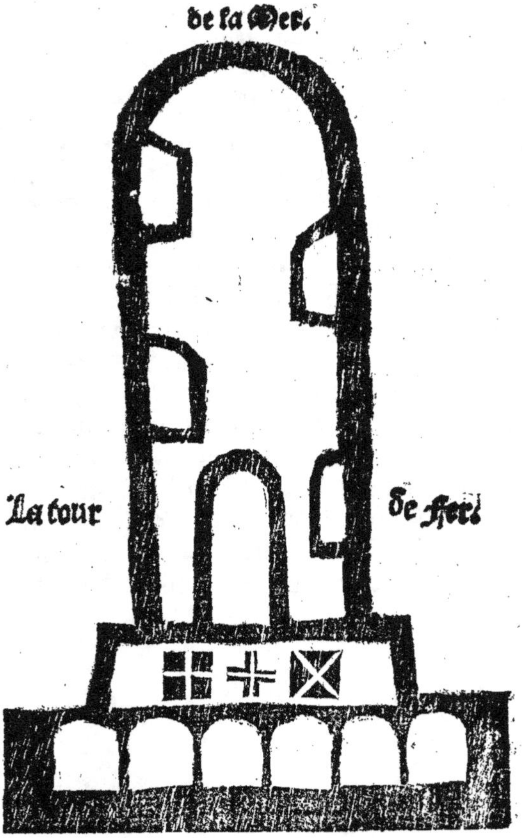

¶ Ceste tour est pres d'lêtree ꝗ côche de la coloigne ꝗ au bas delle ꝗ elle te
d'mourra destrebort en allât qrir la côche d'lacoloigne/ꝗ dône rpy adeux
poictes ꝗ sôt entre ceste tour ꝗ lad côche/il ya vn rochier audehors d ceste
tour enmer sus leql la mer rôpt dile amarourôtêpsdue grât houlle:mais
ndobstât il ya dess'assez eaues ꝗ te demourra deuers loest en entrât ꝗ sera
destrebort. Et ne tesbays poit quât te verras rôpre en allât qrir lad côche
de la coloigne. Au bas d cefte tour la secôde poicte ꝗ verras est vne poite
de terre rôde/ꝗ resêble estre vne isle/ꝗ amôt delle ꝗ d la tour verras vne
terre basse a la mer/ꝗ resêble vne poicte côe vne isle. Et pl' bas verras
vne terre basse ꝗ se môstrera côe vne grâde poicte ꝗ est basse a la mer. Et
au dehors dicelle poicte verras vne isle ꝗ lô appelle Sissergue.
¶ En lan mil quatre cens quatre vingt ꝗ quatre
Du moys de Juing le tour le vingt quatre/   D iiii

Pierre Ferrande pour apꝛendꝛe/
Escript par figure pour entendꝛe/
Les figures/ꝛ aussi le memoyꝛe
Du poys Despaigne ꝛ de la terre
Pour apꝛendꝛe ꝛ introduyꝛe
Ceulx qui de la mer veulent viure
Pꝛions dieu pour luy roy de gloire
Quen paradis ait sont repaire.

Sensuit aucune reddite ꝛ recoꝛdation des choses susdictes / auecques demonstration tresnecessaire pour cõgnoistre plusieurs routtes apꝛes.

Es barges Solonne ꝛ les pennes de Cousson/gisent noꝛdest ꝛ syꝛoest. Les pennes de Cousson cest vne terre qui est bien longue ꝛ poinctue au dehoꝛs de lautre terre/ꝛ est terre blanche ꝛ au dehoꝛs delles ya vne petite isle rond ꝛ deux fartaillons.

Si tu veulx aller en Abilloys/qui est au bas des pennes de Cousson/tu auras abꝛis de noꝛdest ꝛ dest de suest ꝛ de su/ si tu veulx entrer en Abilloys/range la poincte deuers lest tant pꝛes que pourras/ car la terre est sainne ꝛ seure ꝛ est roicheau qui est roille. Et quãt seras le trauers dune ance de sable tu pourras bien pouser car il ya bon paux.

❡ Si tu veulx aller plus auant amont sans arrester / des que seras le trauers de lance/tien toy par le meillieu de la chenaulx pour vne bosse qui te demeure de baboꝛt/qui est a lissue de lance de sable ꝛ va sus iusques le trauers dune autre pierre qui te demourra a destreboꝛt/qui est biẽ seure ꝛ a non la Coꝛmaranne/ꝛ puys ten va iusques soye le trauers dune montaigne dont la terre est rouge/ꝛ ne la range point/ mais quãt seras le trauers delle verras la Coꝛmaranne hoꝛs de la poincte qui est a lentree la largeur dung tref ꝛ va iusques soye le trauers dune tonchere ꝛ la ya bon paux ꝛ pourras la pꝛendꝛe le pillot. De Abilloys a Rybedoe ya dixhuict lieues.

Si viens Dabilloys a Rybedoe ꝛ tu vielle atterer dedans Rybedoe/ seille tant auant que voye vn chasteau qui est dedans le chenal/ ꝛ te garde de la poincte deuers lest ꝛ quant voyrras celuy chasteau qui a nom chasteau Doul parmy le meillieu de deux poinctes qui font le chenal / va sus dedans contre vne ance de sable qui te demourra de baboꝛt/ iusques fermes celuy chasteau dedans la poincte deuers les ꝛ puys ten va par le meillieu de la chenal iusques dauãt la ville/ꝛ il ya bon paux de six a vii. bꝛasses ꝛ vase. ❡ Rybedoe ꝛ le cap de saincte Marie de Bellisle

nordeft ⁊ ſyroeſt ⁊ prens vn quart du nort ⁊ du ſu. La meilleure cognoiſ,
ſance q̃ ſoit pour cognoiſtre Ribedoe ſi eſt Montegue eſt vne montai
gne ronde qui eſt bien pres de la mer ⁊ eſt haulte ⁊ ya deſſus des arbres ⁊
ſe monſtre de loing comme vn chappeau. Et eſt au bas de ſentree de Ry,
bedoe ⁊ puys quant ſeras pres Boytras vne tour qui eſt ſus vne montai
gne au deſſus de la Ville deuers bas bien vne lieue/⁊ ſus la pointe deuers
eſt ya deup montioyes de pierre.

℣ Le trauers de ſainct Cyprian qui eſt entre Rybedoe ⁊ Diueres ſi tu
ſonde a cent braſſes tu ſeras a quatre lieues de terre de Rybedoe a Diue,
res ya dip lieues. En leſt de Diueres ya vne petite iſle rõt/⁊ pres au bas
dicelle iſle eſt la poincte de Diueres/qui a nom la poincte demouras. Et
puys au bas de Diueres/eſt vne iſle plus grande qui demoutra deuers
loeſt bien loing car la baye eſt large.

℣ De Diueres a cap de Dayres ya quatre grans lieues.

Cap de Dayres/eſt vn cap q̃ ſe mõſtre long quant lon vient de lhault ⁊ eſt
hault en terre/⁊ en meillieu y a vne petite mõtaigne deſſus q̃ eſt Glendã
⁊ cap de Dayres/noißeſt ⁊ ſyroeſt/⁊ prens vng quart du nort ponictue
⁊ du ſu.

De cap de Dayres a Ditigueres ya   quatre lieues.

Ditigueres ⁊ Ridelles/eſt noißeſt ⁊ oeſt ſiroeſt.

Ditigueres ſe monſtre vne groſſe poincte haulte ⁊ roitte quant lon vient
de hault ⁊ ſus le hault du cap en terre ya vne petite montaigne forchue
deſſus. En lhault Ditigueres ya vn haure qui a nom ſaincte Martre/
qui eſt haure de barre/ya a ſentree vne petite montaigne poincue / ⁊ ya
au dehors dudict haure vn banc de rocheau plat ⁊ eſt le ſus deuers leſt
noißeſt dudict haure.

℣ Quant lon vient de la mer en fore/Ditigueres ſe monſtre vn cap
roitte/qui eſt tout decoppe deuers la mer ⁊ au pied de luy ya deup far,
raillons ou trois / ⁊ puis en bas de luy la procheinne poincte que lon
Boytra qui eſt pres dudict cap ceſt Cydere.

Ditigueres ⁊ les barges Dolonne noißeſt ⁊ ſyroeſt/⁊ prens vn quart de
leſt ⁊ vn quart doeſt.

Doitigueres a cap de Priour ya   ſip lieues.   Cap de Priour eſt vn
cap qui eſt ront deuers la mer/ ⁊ ſi va en appiouctãt a terre/⁊ ſi eſt entaille
deſſus tout du long. Et au dehors de luy ya vng farraillon.

℣ Henſuyuent les routtes de Cicille/pour venir en Flandres.

Sainct Lucas de Baremede/⁊ le cap de ſaincte Marie/eſt ⁊ oeſt.

℣ Le cap de ſaincte Marie eſt vn cap de montaigne qui eſt hault et

ront /℞ ya en terre dudict cap vne grant baye deuers le nordest/ La meil
leure cognoissance q̃ sont pour cognoistre sainct Lucas de Baremede si est
Grenade/ la montaigne q̃ est haulte ℞ longue dessus lautre terre. Et ya
de saint Lucas de Baremede au cap de saincte Marie. cinquante lieues.
Le cap de saincte Marie ℞ le cap sainct Vincent sont est ℞ oest. Le cap de
sainct Vincent/est vne poincte de terre longue a la mer ℞ en terre delle est
la terre haulte ℞ ya de lun a lautre cinquante lieues. Du cap de S. Vincẽt
a la Berlingue ya cinquante six lieues ℞ gisent nort ℞ su.

Le cap de sainct Vincent ℞ Rocque de Cintes gisent nort su/℞ prens vng
quart de noroest/℞ de suest.

Rocque de Cyntes ℞ la Berlingue/ gisent nort noroest/℞ su suest. La Ber
lingue est vne montaigne grosse haulte ℞ ronde dessus ℞ est roitte deuers
la mer ℞ au pied delle ya deux farraillons/℞ en terre delle ya abris. Et est
lentree deuers lest la meilleure/℞ auras abris dessus de syroest de oest ℞
de noroest.

℞ La Berlingue ℞ le cap de Fineterre/ gisent nort ℞ su /℞ tu iras au de
hors de la Berlingue quatre lieues/℞ ya de lun a lautre soixante deux
lieues. Le cap de fineterre ℞ lislart/ gisent nort nordest ℞ su siroest ℞ passe
ras dehors de Aissans dix lieues ℞ ya de luna lautre cent soixante lieues.
Si tu atterre le trauers de Sorlingues/℞ tu sonde a soixante brasses / tu
trouueras sable blanc menu comme orologe / ℞ en ya parmy de long et
plat comme balle dorge. Et tu ne seras poinct loing de terre plus de dix
lieues.

℞ Sensuyt du partuis Danthioche.

E partuys Danthioche ℞ le cap de Finetterre sont est ℞ oest/
℞ passeras au dehors de Fineterre six lieues. Le partuys
Danthioche/ gist est nordest ℞ oest syroest.

℞ Si tu viens de la mer querir le partuys ℞ veille entrer dedans ℞ al
ler querir Paillise/ pour toy garder de Lauardin il fault q̃ tu mettes les
deux tours de la chainne de la Rochelle /a ouuert lune de lautre/℞ le ro
chier de sainct Nicollas a ouuert de la tour deuers le suest la largeur dun
tref /℞ va telle voye iusques aye ferme les deux poinctes qui sont au bas
du plon lune dedans lautre la largeur dun tref ou plus /℞ naye doubte
de Lauardyn.

Si tu veulx entrer par le partuys qui est nort ℞ su / va sus le nort / ius
ques aye le clochier de sainct Maurice a la broce du boys / qui est entre le

pſon et ſa ſeu.

Si tu entre par le partuis Breton et tu Veille aller amont pour toy garder de Lauardin/ Va tant auant que aye le clochier de ſainct Lardre de
la Rochelle Vne braſſe a ouuert du clochier de ſainct Jehan du Petrot
Beuers le ſueſt et ne trouueras poinct moins de trois braſſes.

¶ Le partuys de Bretaigne/ giſt nordeſt et ſueſt.

Si tu Veulx iſſir par ledict partuis Va ſus loeſt/ nordeſt et iras Beuers
ent a Liſledieux.

¶ Senſuit des barges Dolonne.

AD pied des barges Dolonne ya quatorze braſſes et Vaſe ſi ſaille de
partuis Breton Va et quinze braſſe. Et naye doubte des barges/car
a lentree delles ya dix braſſes/et du partuis Breton naye paour iuſques
Liſledieux car il ya deux Beues.

¶ Si tu Viens de Chault et tu Veulx paſſer entre les deux barges mettes
la tour de Arbondelle parmy la poincte de la chauſme et que la tour ſoit
ſus le bout de la poincte qui eſt ſable et adonc naye paour de lune ny de
lautre Borge/et Va ſes eſmes iuſques aye le moulin qui eſt au bas de legliſe de la chauſme parmy la cheute du gros puis de ſable preſque a la
Vallee dudict puis et ledict puis eſt noir par deſſus et blanc Beuers la mer.
Et quant tu auras a ouuert legliſe la largeur de deux tref du chaſteau
et legliſe Beuers le ſueſt/tu ſeras le trauers de la barge terrienne/car lau
tre marine eſt plus en chault que la terrienne Vn petit. Si tu Veulx paſſer
au dehors de toutes les barges Dolonne/il fault que tu mettes le clochier de legliſe de la chauſme a ouuert de la poincte de la chauſme/qui eſt
entre legliſe et la tour qui eſt celle poincte de ſable. Et Va ceſte eſmes et
naye doubte deſdictes barges/et tu auras le moulin qui eſt au bas de la
chauſme a la cheute dun gros puys/qui eſt noir deſſus blanc Beuers la
mer et eſt le plus gros puys de la entour/Et lois tu ſeras le trauers des
barges Dolonne.

¶ Senſuyt de Liſledieux.

LIſledieux et Belliſle ſont nordeſt et ſueſt. Et ſache que Beuers le ſueſt de Belliſte ya vingtcinq braſſes/et pardehors dudict iſle ya quarante cinq braſſes: pour raiſon du cap Beuers loeſt qui eſt trop parfond.
Liſledieux et Belles euax ſont nordeſt et ſyroeſt.

ꝗ La poincte des corbeaux de Lissedieux qui est deuers le suest.   Et la barge Dolonne sont nordoest et suest.

Si tu atteres a Lissedieux sache que la poincte qui est deuers bas de lisle quon appelle les chiens Poyrinnes/et est hors de lisle en mer celle poincte elle gist nordest et syroest et si tu es a lun des boutz desdictz Chiens Poyrynnes par dehors au bout deuers le siroest/Va se nort nordest / et nayes paour. Si tu es au bout deuers le nordest Va sus loest syroest et naye doubte delle.

ꝗ Sensuyt les noms des poinctes et rochiers et cap dudict Jssedieux la ou messeigneurs les prestres/et autres du chapitre des Os/ont de grans priuileges et seigneuries.

SI tu veulx aller thault le long de terre dudict Jssedieux et tu soyes hors des chiens Poyrypnes en nordoest en mer delles pour la doubler toy garder delles /mectz vne grosse poincte de terre que lon appelle Chastellier et est aual du chasteau de ladicte isle.

Ledict chastellier appartient a lun des messeigneurs dudict Chappitre nomme maistre Lucas Moret/et la prent son gros et la disme des fruictz Jl te fault mettre iceluy Chastellier et poincte parmy vne autre poincte que lon appelle le Turpail/qui est vne poincte de terre longue qui est enfermee en la mer/et est icelle poincte du Turpail/entre sedict Chastellier et les Chiens Poyrypnnes toutes basse. Et est vn membre dependant dudict benefice du Chastelier/et est en la collation dudict maistre Lucas Moret seigneur susdict/et en mettant la poincte du Chastelier par my ladicte poincte du Turpail/et aller icelles esmes iusques le trauers dudict Turpail/il est bien seur/et ne fault auoir doubte de riens. Et quant tu auras passe le Turpail qui est bien seur bort mectz les Chiens Poyrypnnes parmy sedict Turpail/et va ainsi tout le long de terre. Si tu veulx passer entre les Chiens Poyrypnes et terre des que seras le trauers delles en terre et que tu entre deuers le syroest des que les lesseras arriere du trauers ne couuoicte plus de babort ny deuers elles pour vne basse qui est en nordest delles qui ne se monstre sinon de grosse mer.

Et si entre deuers le nordest ne ouure point les deux poinctes que tu voyrras le trauers delles a terre lune de lautre et nen fais que vne poincte. Et lors tu passeras entre les Chiens Poyrypnes et vn autre rochier que lon appelle camp et va icelle esme iusques aye vn moulin le prochain du bout de lisle de celuy couste parmy vne ance de sable que voyrras la prochaine ance de la poincte qui est a droict les Chiens Poyrypnes. ꝗ Et quant tu auras iceluy moulin parmy lissue dicelle

ance de sable deuers loest/tu seras le trauers dicelle pierre/nouure point
les deux poinctes/iusques tu soyes passe ceste basse/a puys va hardimēt
Si tu viens de lhault a tu atterres audict Islebieux aubout damont/atu
veulx aller le bas deuers le su / de lisle pres de terre /pour toy garder de
troys pierres qui sont le trauers de vne ance de sable qui est bien pres du
bout de ladicte isle deuers le su syroest/a lon lappelle le Oeil.
Si tu viens de lhault / la prochaine poincte de terre que voyras au bas
dicelle ance de sable/qui est le Oeil/sera la tranche a est dehors la poincte
comme vne petite isle. Et pour toy garder dicelles trois pierres qui sont
le trauers dicelle ance du Oeil/lesquelles pierres sont appellees les ours/
ses/garde que tu ne ferme point ceste pierre ou poincte de la tranche des
bans la terre/de la largeur dun grant tref/car si tu la ferme tu iras des/
sus lesdictes ourses. Et va icelles esmes iusques voyes vn arbre tot/ qui
est le trauers de lance du sable en terre parmy deux petis rochiers / qui
sont en my lance du sable:a quant celuy arbre sera sus le prochain rochier
deuers lhault/tu seras a trauers de la premiere pierre deuers lhault. Et
quant auras larbre sus le rochier du bas tu seras sus icelle deuers bas a
parce pour toy garder delles a scauoir quāt seras a passeras en mer del/
les ne ferme point le clochier de leglise parmy la terre/qui est au bas di/
celle ance de sable susdicte.
Sache que ladicte poincte de la tranche est lun des gros benefices dudict
chapitre des Cs. Et appartient a maistre Vincent Bossy soubz chan/
tre dudict chapitre.
Emprez ya vne grāde basse/ que lō appelle les Chimiers/qui est presde
terre deuers la taillee. Et cest lung des plus nobles benefices a mieux
rente de tout ledict chapitre. Et appartient a maistre Jacques Daugras
doyen dudict chapitre. Et icelle dicte basse ne descouure poinct si nest de
tempeste a ya force vieilles a aguilles a la saison.
Auprez ya vne grosse montaigne de pierre/ qui est bien haulte a roitte q
lon appelle la taille e/a est lune des grosses prebandes dudict chapitre. Et
appartiet a maistre Lucas de Comeau lun des Vicaires dudict chapitre.
Puys ya vng gros rochier qui est enuironne de mer quant elle est plai/
ne/Et lon lappelle le Garoubourit/qui est vng benefice bien rente a de
grant reuenu/a appartient a maistre Jacques Thomas procureur du/
dict chapitre. Et apres dicesuy ya vne ance a conche que lon appelle le
Pyssot/la ou il ya bon rabde/mais cest rochier a ladicte conche elle des/
pens du benefice du Bergier en laquelle ance le seigneur dudict Bergier
cueille a amasse grant multitude de foing.

Empres poyrras vn gros rochier/qui est endroit vne chappelle lequel
rochier sappelle la Tourte/q est le plus noble benefice de tout ledict cha
pitre/⁊ hault a merueilles.
Et ya grant habondance de tous oyseaulx maryns/comme Cormaras/
couars/baguilles/gaellins/hayrons/poatcres/⁊ grant force de pigons
Et appartient a maistre Jacques Mauclerc/escuyer ⁊ fondateur dudict
chap. Et ledict rochier faict lentree du port de la meulle de ladicte isle/et
est enferme tousiours de mer:⁊ ya grosse garde tant de iour quede nuict/⁊
les gardes dudict lieu font gros rauiers / palliers / abrans / hyraynes/
roylangoust/langoustres/⁊ grandes macres ⁊ grosses iambles. Et sont
par dessus tous ses gros burgaulx auecques leurs corps/ courans iuf
ques a la symme dudict rochier/ ⁊ illee font le guet. Et nul sans côge du
dict seigneur nauseroit entrer dedans/car il seroit deuore de ces cruelles
bestes inhumains/⁊ dautres monstres maris.
⁊ Endroit dudict rochier est la Conche/que lon appelle la Conche Hul
lee q est par le dedans ⁊la radde dud haure de la meulle. Et ya bô a briedef
de nordest de nort de noroest/⁊ doest/mais cest rochier. Et fault mettre ho
tyn / ou autrement on perdroyt les ancres ⁊ ie le scay par expetience.
Et ladicte Conche est le benefice ⁊ la meilleure prebende du reuenu qui
soit ou de chappitre/⁊ est inestimable/⁊ elle appartiet a maiste Lucas du
rend/preuost dudict chappitre. Et peult prêdre ⁊ leuer le conuoys de tous
nauires qui passent leurs ancres en icelle.
Puys quant voudras soitir dudict port de la meulle/il te fault bien don
ner garde du ras dune isle que lon appelle le Berger/laquelle est vng pe
tit rochier qui couure demy flaux/⁊ paroist demy iusant ⁊ est deuere le
noroest. Et est fort dangereux de suest de su/de syroest ⁊ de oest syroest/si
tu es abbatu dessus/car le ras/⁊ la maree y est biê merueilleuse de mau
uais temps/⁊ parce donne toy garde/si tu nas bon pillot. Et si tu veulx
auoir bon pillot te prens le seigneur dudict Bergier/car il est parfaicten
pillotage ⁊ iour ⁊ nuict.
⁊ Et ledict Berger est le plus grand benefice ⁊ de plus grande charge
que benefice dudict chappitre/car cellup qui est proueu dicelup est le pro
moteurdoffice dudict chappitre. Et bien souuent paye amâde audict chap
pitre aucunes foys pour nauoir faict information contre les delinques.
Aucunessoys pour faire informatiô lesquelles il ne peult prouuer/aquoy
il est tenu par les constitutiôs dudict chappitre q ne sont pas bônes pour
led promoteur/car ilnya aucune praticquemais tout dommage ⁊ ennuy.
Mais tous ceulx qui prenne audict Berger ou a la conche/Hullee susdicte

aucune chose sans congie dudict promoteur/ il sont mauldis epcõmuniés
de lauctorité du pape. Pareillement en toute la terre dudict Jsledieup. Et
appartient a maistre Jehan Augereau promoteur dudict cappittre.
Bien pres de la ya vne poincte de rochier q̃ est vne petite isle que lon appelle la Pere/qui faict lettre dudict port de la meulle deuers le syroest/qui
est vng bien bon benefice, ꝯ de grant renomꝫ reuenu innumerable : car
tous nauites luy doiuent obeissance. Et appartient a maistre Jaecques
Bossy official dudict chap. Empres est vn autre hault rochier q̃ lõ appelle
le Villain/q̃ est bõ benefice/mais il en est patrõ lay p. Et apptiẽt a mais-
stre Barthelemy Trudõ/auecq̃ vne chappelle q̃ lon appelle Trachet.
Et parce led seignr a cause de ses benefices a nõ mõseigneur de Trache
Villain. Et puys vn peu au bas ya vne grosse terre ꝯ gros rochiers/
haulp ꝯ roittes/q̃ lõ appelle la Macrouse/q̃ est vn bõ benefice/ou quel ya
grãd multitude de toug biés croissãs en mer/cõme mactes,nounniers/pas-
sourdes/iãbles/croseille/mousses/grosses ꝯ petites a grãt plante/ ꝯ autres choses. Et appartiẽt a maistre Miche Ladou/acesseut de monsieur
lofficial dud chappittre. Si tu veulp aller par dedãs Lisledieup ꝯ tu soye
au bout damõt dõne toy garde de la poincte deuers lest/car les couillons
y sont q̃ sont biẽ hors de la paincte ꝯ sont biẽ dangereup/ car il ne paroiss-
sẽt pas tousiours ꝯ quãt il est my flaup ilz sont couuers) ꝯ demy iusãt ilz
paroissent. Si tu va le bas ou lhaut il te fault dõner garde dun rochier q̃
est le trauers desõ couillõs/q̃ ne paroistra iamais;q̃ lõ appelle Recoup q̃
est dangereup dune grosse mer / car il tont ꝯ faict biẽ dommage qui
ne luy donne ryn.
℞ Et icelup Recoup est lun des benefices dudict chappittre / ꝯ vault aus-
tant porte comme sus le lieu. Et appartient a maistre Jehan Bouchier
chãtre du hault cueur. Et puys empres vnpeu au bas vopiras vne grãt
ance de sable q̃ lon appelle la Conche ꝯ la est le bõ paup ꝯ radde/en mettãt le clochier de leglise parmy vne terre noire q̃ sont fregõneres. Et aupres ya vn rochier q̃ se nõme Babioteau/q̃ est lautre benefice dud chappitre la ou beaucoup dauctures aduiennẽt de gros tẽps car auctesfois il
fault laisser cables ꝯ ancres. Et appartiẽt a maistre Jachs Huet a simos-
nier ꝯ despecier dud chappittre. Et enallãt le bas si tu veup passer entre les
chiẽs popzynnes ꝯ terre des q̃ auras passe vn rocher/q̃ est au bas du port
Bretõ leql rochier on appelle les chãps q̃ est biẽ sain dõ ne toy garde dous-
urir deup poinctes q̃ sont a terre/le trauers des chiens popzynnes lune de
lautre. Et ne fais quune poincte pour toy garder. Ne la basse laqlle te demou-
sa destrebort q̃ ne paroist point/elle est deceuable puis q̃ la mer sera belle

plusieurs fois la mer traindera dessus ↄ nonpas tousiours ↄ parce elle est
deceuable. Et quant tu seras le trauers delle/tu auras vn moulin qui est
le prochain du bout de lisle parmy vng ance de sable/que lon appelle les
Berroches/qui est bien grant ance:ↄ est la prochaine des chiens Pop
rynnes deuers le noid est/ↄ quant auras celuy moulin a lissue de lance des
uers le sydoest/tu es le trauers delle. Et va hardiment entre les Chiens
Popzynnes le plus deuers terre ↄ rangent terre/ↄ nape doubte des chiens
Popzynnes.

Si tu viens de la mer en foze/Lisledieuy se mostre par trois bosses/ↄ es
ront deuers lest/le plus hault au meillieu/ↄ est pointu deuers bas. Et va
au bout deuers bas vne isle petite/que lon appelle les Chiens Popzyn
nes/dequoy ay faict mention dessus.

Pour bien cognoistre Lisledieuy si est que tu voyras aussi tost ou plus
tost le clochier de leglise que la terre de belle veue.

Lisledieuy gist est ↄ nozoest/ↄ est semblable a ceste figure.

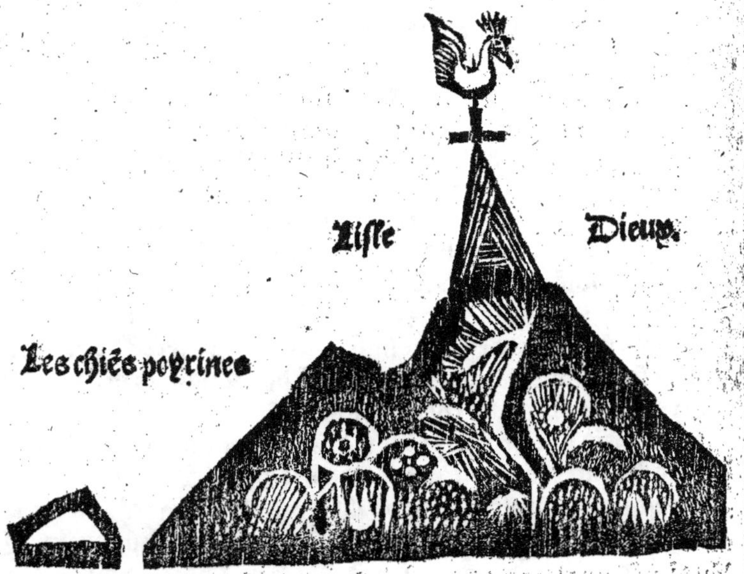

Si tu vas le bas pour querir le villier/ↄ veille ranger deuers notz
monstier/pour toy garder des dangiers deuers notz monstier il fault qu

tu aye la tour de noirmonstier/la haulteur dung homme au dessus de troys
gros puys de sable/qui sont deuers la mer ¶ aussi sont les plus bas ¶ les
plus haulx.

¶ Et quant tu seras en bon chenal tu trouueras douze brasses ¶ quatorze brasses deaue.

Et si le vent est damont ¶ tu veulx ranger pres/ne va point plus pres a
six brasses si tu ne scay bien comment car quant tu seras a six brasses si
tu cours sus le noit ou sus le noit noroest pour querir le Pillier il ya au
pres dune lieue du Pillier vne poincte de ces dangiers qui va hors a la
mer car quant tu auras sonde a six brasses iecte la sonde tu ne trouueras
que quatre ou troys brasses / les dangiers sont grans parce si tu ne
scay bien comment ne tumbe point dessus si tu puys.

Les Chiens Poyrines ¶ le Pillier gisent noit ¶ su.

¶ Si tu es au Pillier ¶ tu veulx aller a la Chese/pour toy garder des re
bousses ¶ des dangiers qui sont deuers noirmonstier/sellie tant auat puor
le nordest vn quart de noit / iusques voye sainct Nycolas de Barbastre
ouuert dehors la poincte de la Chese ¶ du sable ¶ puis va sus lest . Listez
dieux ¶ le Pillier gisent noit ¶ su. Le Pillier est vne isle qui est bien bas ¶
est pres de noirmonstier.

Le Pillier gist est suest ¶ oest noroest/¶ est rond deuers lest suest/¶ va en
appoinctant deuers le noroest/¶ par le meilleu est le plus hault/¶ ya des
bans des murailles dune chappelle/¶ deuers loest ya vne petite isle deux
farraillons qui sont tout bas pres de leaue.

¶ Sensuyt pour aller en Loyre.

SI tu veulx aller en Loyre le Pillier ¶ la poincte de Chesmoulin/ gisent
noit nordest ¶ su syroest. La poincte de Chesmoulin est au bas de .
Lesaytes ¶ ya dessus vne chappelle ¶ est vne poincte noire. Et pour bien
chenoller ¶ te garder dune basse/qui te demoureta de babort que lon ap
pelle la Lamberte qui est en syroest des Charpentiers ¶ de pierre petsee.
Et aussi pour toy garder des Charpentiers va su le noit nordest iusq vote
vn moulin qui est en terre le trauers dune ance de sable. Et est celle ance
de sable entre la poincte de Chesmoulin ¶ vne autre poincte de rochier
qui est noire qui est au bas de Chesmoulin la prochaine. Metz iceluy mou
lin parmy celle ance de sable le plus deuers Chesmoulin. Et quant app
procheras de terre / metz le moulin sus la poincte noire deuers lest deuers
Chesmoulin/la largeur de deux trefz pour toy garder des Charpentiers
¶ naye paour. Et quant tu verras vn village qest au bas de sainct Les
saytes/bien loing de la mer en terre. Et nest pas le prochain village de S.

E

Lesapres/cest le second/τ ya entre celuy Village τ sainct Lesapres deux
moulins/τ ya grant plante darbres entour du Village / car il resemble
estre vn boys/τ au bout de bas du Village ya vn arbre rod τ est pres du
Village. Quāt verras celuy Village mectz le Village parmy celle poincte
qui est en lhault de la chappelle τ va ainsi cõtre celle poincte a celle esmes
τ ne ferme point celluy Village dedans celle poincte car tu iroys sus vn
banc que lon appelle raure/q est le trauers de celle ance ou est celle chappelle. Et est celluy banc pres de terre τ lappelle lõ le banc de raure/ τ nya
dessus de plaine mer dun mort deau que brasse τ dempe/enterre du banc ya
deux brasses τ deux brasses τ dempe de basse mer.

¶ Et si tu passe en terre dicelluy banc donne bon rpn a la poincte qui est
en lhault dicelle chappelle la prochaine poincte/car elle va bien hors / la
passee nest pas guaires bonne basse mer / τ de vent du su / si le vent nest
bien a main car il fault aller pres de terre bort a bort.

¶ Et si te veulx garder de celluy banc de raur e /ne ferme point celluy
Village qui est en terre qui est icy dessus escript dedans la poincte/τ aussi
ne ferme point le clochier de sainct Lesapres dedans les autres poinctes
τ va hardiment.

Et aussi pour toy garder du banc que lon appelle le banc du Perme qui
te demourera destrebort ne ouure point celuy Village de celle poincte/car
larbre qui est rond sopt toufiours parmy la poincte.

¶ Et va cest esmes iusques a bort de terre le trauers de celle poincte qui
est en lhault de la chappelle/τ donne rpn a la poincte car elle va hors.

¶ Et aussi ne ferme point le clochier de sainct Lesapres dedans
lautre poincte / τ quant seras a ceste esmes / mectz le cap sus lest
nordest / Et iras le long de terre de poincte a poincte τ donne rpn
a chascune poincte. ¶ Et quant auras passe celle poincte tu trouueras cinq brasses a chenal. Et quant seras plus auant le trauers de lautre mectz la prochainne de S. Lesapres tu trouue ras neuf ou dix brasses.

¶ Et quant seras le trauers de lautre poincte / la ou il ya vng Village
pres de la mer/tu verras vn arbre rond en celuy Village/mectz celuy arbre rond par dedans de celle poincte qui est le trauers du Village deuers
lest suest/sus vn petit puys rond qui est sus celle poincte.

¶ Et puys seras le trauers dun rochier que lõ appelle les morees/τ pour
toy garder delles en entrāt/ne ferme point le clochier de Dõges dedãs la
poicte de Maudi la largeur dũ trect q est la poictequi est deuers lest de S.
Lesapres qui est le second clochier que tu verras en amont de sainct Lesaires. Et aussi ne ouure point leglise de sainct Lesaires de la poincte de

uers sainct Lesayres.

Et va ainsi celles esmes ꝗ naye doubte des Mortes.

¶ Et quant seras passe les Mortes/si tu veulx pousser deuant sainct Le-
sayres/va tant auant en chenal que voye vn grant arbre qui est long ꝗ
hault/ꝗ il est au mort de sainct Lesayres/ꝗ le ouure dehors la poincte de
sainct Lesayres bien loing/ꝗ puys va au paup.

Le meilleur paup qui soit si est quant lon a la cheminee du prioure parmy
vne fee.

Et auras abris ꝗ six brasses de basse mer. Et labris sera de syroest/de oest
de noroest ꝗ de nort.

¶ Lissedicup ꝗ le Pillier gisent nort ꝗ su/ꝗ pour bien routoyer pres les
Chiens Doyrynnes ꝗ le pillier.

Lissedieup ꝗ le Cardinaulp nort nordest ꝗ su suest.

¶ Lissedieup ꝗ lentree de Morbien nort noroest ꝗ su suest garde toy du
Cardinaulp.

Lissedieup ꝗ Bellisle/noroest ꝗ suest.

Lissue de la Chese ꝗ Lomaria de Bellisle ꝗ oest.

¶ Pour Guerrande.

¶ Si tu veulp aller en Guerrande va le nort ꝗ sus le noroest. Et tu laisseras la banche de babort deuers lenort noroest / ꝗ iras sus le cap de la
banche Et puys verras le clochier de Guerrãde ꝗ puys trouueras trois
brasses ꝗ demye ou quatre entre terre ꝗ la banche.

Pierre persee ꝗ la croip de Guerrande gisent est ꝗ oest ꝗ prens vn quart
de noroest ꝗ vn quart de suest.

La croip de Guerrande ꝗ lisle de Dumet/ gisent nort noroest ꝗ su suest.

La croip de Guerrande ꝗ la poincte du Bon sainct gisent noroest/
est suest.

La poincte du Bon sainct ꝗ le pertuys du Bessic gisent est nordest ꝗ oest
syroest.

Lisle de Dumet ꝗ le Four nort ꝗ su/Four est vne isle ꝗ y passe lon tout
entour/mais la poincte deuers le su va hors a la mer ꝗ est bien dangereuse.

¶ Sache que le Dumet est deuant lentree de la chenau de Redon ꝗ est
bien pres du Four/qui est sable ꝗ est vne isle / ꝗ est deuant Guerrande.
Et puis y sont les Charpentiers. Et puis y est la banche qui dure iusque
a lentree de loyre/va a rpn de tous ces dangiers.

¶ Sache que le chenal de Redon gist est nordest & oest syroest.   Sache
quau Dumet deuers lest nordest a bon pauy a six brasses.
Et auras abris de syroest & de oest syroest.
Bellisle & Poinctauly de Grope deuers le sueft gisent nort & su.
Le poinctauy de Bellisle deuers le noroest & celuy de Grope du noroest
gisent nort nordest & su sueft.
Bellisle & sainct Guindas noroest & sueft. Et qui va par dedans Bellis
le & veult auoir pauy dedans Glenans preigne vn peu de soest & iras
soubz sainct Guindas par raison.
Le Poinctauy Bellisle deuers lest. Et le Poictauy de Cabarain deuers
le sueft nort & su.
Le Poinctauy de Grope deuers le noroest. Et lisle sainct Guindas est &
oest.
Le Pointauy de Bellisle deuers le port Sanson & la basse dehors Gle
nans gisent est sueft & oest noroest.
Grope & Glenans gisent est & oest.
¶ Entre Grope & Glenans ya vne basse/ & ya les deuy pars de la che
nal entre la basse & Grope/ & le tiers deuers glendas. Et pour toy garder
dicelle basse mectz s. Nicolas d glendas hors de la poicte de lisle a ouuert
la largeur de deuy trectz/ & a nom icelle poincte pain froit & passeras en
terre de luy. Et si tu veuly passer en terre de Glenans/passe pres de luy
a vn trect darc car il est bien seur.
Entre Glendas & lisle de molinnez/ya deuy pierres qui sont par le meil
leu de toutte entre les deuy isses de Glenans & de molinnes. Si tu veuly
pouser a Glenans pouse a sept brasses/ & mectz la poincte de pain froid
deuers le sueft.
Lisle de Mouton a la tirchee de Pemmarc noroest & sueft. L'isle de Mou
ton Pemmarc/est sueft & oest noroest.
De Glenans au saute iras a soest vn quart de syroest / pour doubler
Pemmarc.
De Bellisle au Foure si setle a quarante brasses tu iras en tour sain.
Sache que en tour la basse de Glenans ya   vl. brasses.
La basse de Glenans & la Fourche gisent noroest & sueft.   Si tu es au
Poincteauy de Pemmarc a quarante brasses/va a soest noroest & naye
doubte de Sain.
Le Pauy de Sain est a douze brasses.
Sain & Apssat gisent nort & noroest/& su sueft/& pres du nort & du su/soubz
Sain a quarante & cinq brasses par raison que le pauy est trop hors.

¶ Sache que le Pauly a quarante cinq brasses / est entre Sain ⁊ Aysⁱ
fant ⁊ a quarante brasses / ⁊ est trop pres de terre/⁊ ya grant courant/
Mais aller a cinquante troys brasses ya vne veue en la mer.

Sache que si bas a quarãte brasses que tu ne crains riē Bretaigne.

S ensuyt la routte de Bretaigne iusques en Flandres/le long de terⁱ
re de Normandie/⁊ Picardie.

Ache quau ras de Sain/ya quinze brasses ⁊ beau sable. Et du
ras a sainct Mahe/va au nort vn quart au noroest. Et te demouⁱ
ra la Collere/⁊ les Moynnes Destrebort. Le grant Estauenot
⁊ la coullere/nort ⁊ su. De sainct Mahe ou Four/va au nort noroest/⁊ tu
laisseras la Dinatere les Pourques de babort.

Si tu passe les chenaulx de nuyt/passe tout pres du Groignet du Consⁱ
quet tant comme auseras ⁊ naye paour de la Dinatere.

La Dinatere ⁊ le Pourques/nort noroest ⁊ su est.

Le Four ⁊ Porsal/nort nordest/⁊ su suest.

Porsal ⁊ lisle de Bas/est nordest ⁊ oest syroest.

Lisle de Bas /⁊ Sept isles est nordest ⁊ oest syroest.

¶ Si tu veulx passer par le ras de Briac de basse mer/mectz le Fasser/
qui est dehors dumes de Siolle/vn peu dehors du groing du Poinctaup/
qui est au su suest dumes qui a nõ Minerst/la Hozayne/⁊ le cap de Friolⁱ
le/est suest ⁊ oest noroest.

Le cap de Friolle/⁊ Chousse est oest.

¶ Qui veult entrer en lisle Melien par le chenal du su / il fault mectre le
monstier a lentree de lisle qui est meilleu du port. Lisle de Bas ⁊ Grenoiⁱ
se/nordest ⁊ syroest.

Rocquedoe ⁊ Grenoise/nort nordest ⁊ su syroest.

Grenoise ⁊ Orne/nordest ⁊ syroest/⁊ prens de les ⁊ de loest. Les Quasⁱ
ques ⁊ Orne/est suest ⁊ oest noroest.

Orne ⁊ Bareflour/gisent est ⁊ oest.

La Hocque ⁊ Bareflour/est ⁊ oest/⁊ prens vn petit de noroest ⁊ suest /car
le Poinctaup de Bareflour/⁊ est trop auant en mer.

Orne ⁊ Cherebourc/est suest ⁊ oest noroest.

¶ Bareflour ⁊ cul de Caus/est ⁊ oest/⁊ ya en la routte vingt ⁊ cinq braſ
ses. Et iras querir la Hocque/bien pres des isles sainct Macol ⁊ garde
toy des isles en icelle routte si tu pars de Chief de Caup.

¶ Si tu es le trauers du poinctaup de Bareflour de nuyt ne ta proche
point/plus pres de vingt ⁊ huict brasses/⁊ seras biē pres ⁊ ya beau sable.

E iii

De Bareffour a la Fouſſe de Coulleuille/Va a leſt ſueſt / ɇ piene plus
de ſueſt.

Cul de Caup ɇ Antifer/noit ɇ ſu.

℣ Sache quil ny a lieu qui aille tant hois comme les Quaſques/ ɇ parce
donne toy garde de luy. De Antifer a Dyeppe/Va leſt noideſt.

Et en Somme Va en leſt vn quart de noideſt.

℣ De Soidaines en Faure/Va en noit noideſt/iuſques ſoye en la chenal
par raiſon de la Baſſe de Guyſſan/ɇ du Fouquerois de huilliz. Et puis
Va a leſt noideſt/ſi tu as montant. Et ſi tu as iuſant / Va en noideſt / vn
quart de leſt.

Senſuyt les cours des marees/ɇ comment elles giſent le long de la
coſte deuers le ſu/en toute leſcluſe en Flandies.

Ache quen la chenal Jreſche/Vient le iuſant de loeſt ſyioeſt / ɇſi
Veulx aller a Baranchier ſainct chiiſt/ Va pour le meilleu de la
ſablere de ſainct Mahe ɇ qui Veult entrer en Bietaigne Baranchier / il fault des quon ſera le trauers de la terre de ſainct Mahe / ɇ de
ſainct Mahe aller au Four porter ſainct Mahe deſcouuert dehois de la
poincte du Couquet/pour les Baſſeres. Et les eſmes de ſainct Mahe aller
au Foar ſont vne grande chappelle ſus laquelle y a vne groſſe croix a
luy des pignons/ɇ eſt ſemblable a ceſte figure:

¶ Dehors des isses trouueras quarante cinq brasses/ꝑ menu perroys.

Et sache quau cap Daissent ya sieu ou il ya cinquante trois brasses / que nauire ny nef qui soit la ancree na nul bon temps ny abrie ny repouz car les cours y sont merueilleux/impetueulx/ꝑ grans.

Et tout se cours est au nort nordest daissent.

Sache quentre se Four ꝑ Plomegar/Vient se montant du su siroest.

Sache quentre se Four ꝑ Porsal/Vient se iusant de sest nordest.

De Porsal iusques a lisse de Bas/Vient se iusant de sest Vers se nordest.

Au dos de lisse de Bas dehors/Vient se iusant de sest Vers se suest.

A Sept isses Vient se iusant de sest suest.

A Briac Vient se iusant du suest Vers sest.

De la Hauuraigne iusques a Friolles/Vient se iusant de suest/ꝑ a trauers du mays de coullan Vient se iusant de suest sus sest.

Au dos de Grenoise dehors/Vient se iusant de sest suest.

Sache quantre Serf ꝑ Erf / sont ses frierres ꝑ ya bonne chenal a qui se scait.

Sache quentre Serf ꝑ Orne ya vn banc que lon appelle se bâc de Sarc/ ꝑ ya dessus neuf Brasses:ꝑ Vient se montant du syroest ꝑ demy montant.

Et des Ornes a Barefour / Vient se iusant de sest / ꝑ de Barefour aux Isseaux sainct Marsault/Vient se iusant du suest Vers se su.

Et des Isseaux a Fousse de Coulleuille/Vient se iusant du suest:ꝑ si tu Veulx pouser a Cerboure Va pouser a six Brasses ꝑ ya beau sieu. Et te Viendra noroest du pointaux. Et si tu pouse a la Ligue/pouse a six brasses:ꝑ auras abrie de nort ꝑ de nordest/ꝑ te Viedra nordest dessus ses fartaillons. Et si tu Veulx pouser a cap de Caux/Va soubz luy a six brasses. Et lors te demoureront ses Locquers Eestreboit qui est pres du cap de caux.

¶ Et quant seras se trauers du Village de cap Caux/pouse a sept brasses/ꝑ te Viendra nort a trauers de sa terre/y auras abrie de noroest. Et si tu Veulx entrer en saure sa prendras somen.

¶ De Baresfour a cap de Caux/Vient se iusant de sest suest ꝑ en routte a beau sable a trente six brasses.

¶ De cap de Caux a Antiser Vient se iusant du nordest Vers se nort.

De antiser a Dieppe/Vient se iusant a sest nordest.

Et Veulx pouser a haulte celle pouse a douze brasses ꝑ auras beau sieu. Et nort te Viendra dessus se cap du poinctaux. Et si tu pouse plus parfôt que douze brasses/cest rochier:ꝑ pourras prendre tes ancres/parce donne ten garde. De Dieppe a Beulogne/Vient se iusant du nordest.

E iiii

Et a la fousse de Cacup du nodest.

Et de Bouloigne au Poinctaup de sordanes/Biēt le lusant du noit Bers le nodest.

De Sordannes a Goultressent/Bient le lusant du noit Bers le nodest.

De Goultressent entour Grauelingue/iusques a Ducarque / Bient le lusant du nodest Bers le noit

De Ducarque a la Baye des Dugnes/τ iusques a Ostandes / Bient le lusant du nodest Bers lest.

Et des Ostandes iusques a Blancqueuergue/Bient le lusant de lest nordest τ le plus deuers le nodest.

Et des Blancqueuergue iusques a saincte Katherine / Bient le plus deuers lest.

Sensupuent les entrees/τ gistes de la coste de Normandie.

J tu Beulpdemourer τ ancrer a cheribourg/mectz tō ancre a Bi. Brasses/τ tu trouueras beau fons/τ nordest le Biendra du poinctal de la Val/τ te donne garde dudict poinctal, car il ya dang gier. Si tu Beulp gesir a la Hogue / mectz lancre dessoubz leglise a pli. Brasses. Si tu Beulp demourer a la fousse de Coulleuille / mectz lancre dehors a Bii. ou Biii.Brasses/si tu Beulp gesir a la rade du chief de caup/ mectz lancre a sip Brasses. Et la te Biendra noit de la terre τ naura point dabis denodest.

τ Si tu Beulp pouser en radde de Dieppe/mectz lancre a sept brasses deuant la Bille.

τ Si tu Beulp gesir au bas de Soubme/mectz lancre dehors Lobannes/τ garde que le monstier de Cayo te demeure en lest nordest/τ mectz ton ancre a sip ou a sept Brasses.

τ Si tu Beulp aller dedans porte haulte maree soubz toy. Et prens les esmes outre le chasteau de cropte Bn petit hors de lordelle/τ iras a deup Brasses τ dempe ou a trois. Si tu Beulp demourer deuāt Estaples/mectz lancre a sept Brasses ou a sip. Si Beulp gesir deuant Bouloingne gis deuant le hauffre/mectz a huict ou a sip Brasses. Si tu Beulp demourer deuant/Hurdrunes de Bent damont/mectz lancre deuant Ordè elles a dip ou douze Brasses.

τ Et tu auras abis de noit qui te Biedra de Hurdrenes τ aura bō fons. Et si tu mectz ancre plus parfond tu trouueras rochier mauuais fons comme iay deuant dit.

Sensupuent les marees du ras de Fontenaup / iusques a Lescluse en Flandres/deuers le su.

Acße quen ras de Sain/la lune au suest vn quart a lest commencement de flaup.

A sainct Maße la lune au suest flaup.

Au Four la lune au suest vn quart au su flaup.

A Breuerac/z a Doisaßa lune au suest flaup.

A Gouopn lune au suest vn quart au su flaup.

Au Conuers de lille de Bas la lune au su flaup.

Et maintesfoys fault prendre vn quart de syroest de eaue morte.

Aup Conuers la lune au su flaup/z prens du syroest.

C Gattes dempe maree entre sainct Maße / de Bas a sept iste la lune au su syroest flaup.

Et des lille de Bas iusques a sainct Malo/tout le long de la couste la lune au su flaup a terre:

C A Chousse/a Grenoise/a Eerse/a Gatt/a Arc/z a Larouse la lune au su flaup a terre.

C A Roucquedoue/la lune au syroest/z prens vn quart de su flaup.

A Grenoise/deßors la lune au su syroest flaup.

A la Ferree/la lune au su syroest flaup.

Entre Sarc z Dine/comme nous auons veu/ya vn banc que lan appelle le Banc de Chare/z ya dessus neuf brasses de plene mer / frainc dessus de basse mer/z ledict Banc gist noroest z suest. Et le cours vient dessus de suest des my flaup/iusques a my esbe.

Dehors Quasquet/la lune au syroest flaup.

C En Ras Blanchart/la lune au syroest vn quatt a loest flaup.

A la Hocque z a Dine a terre la lune au syroest flaup.

A Cheneboit/lune au su syroest flaup a terre.

A Barefflour a la hocque/z a la Barre de Vire / la lune au su syroest flaup.

En quatre Ras/la lune a lest nordest flaup.

Du chief d Chaup iusques a Dieppe/la lune a lest nordest flaup a terre.

A la Fousse de Leure le plus de marees de lan/la lune au suest plaine mer/z deßors Dantisser iusques au Ras de soubme.

Aup Conuers la lune a lest basse mer.

En soubme la lune a lest flaup.

Sacße quen sobme deaue morte/z vent damont/la lune au su suest plaine mer.

Et de la a Estapez z des Estapez au haure de Boulotgne.

Et de Boulogne iusques a Castalere de Tanet/la lune a lest commens cement flauy a la terre a lest noidest.

Et deffus les bancs de Flandres le plus bas des marees/il conuient que les marees foient dautre maniere entre dautres Vinfent iufques a la Barre des dunes la fune au fu fuest commencement de flauy ã de la barre des Dunes iufques a Oftendez fune au fuest Vn quart au fu flauy.

Et des Oftendez iufques a Ablancquenergue/la fune au fu fuest flauy.

Au tour de la ry ue de Blancquenergue la lune a left fuest flauy a terre.

En Leclufe de Flandres/la lune au fu plaine mer.

¶ Senfuyt comment les cours de marees du bas de Sayn gifent/ iufques en Flandres/ deuers Bretaigne.

Acße qui cßenal des ifles Vient lefße a loeft fyroeft/ã facße qua quarante braffes deßois des ifles entre moulenent Viet le tufant a loeft fyroeft/ã poite bien montant auffi a lencontre de grant mer.

¶ Sacße qua la Voutere de Vinffant en noit noidest de lifle/a Vne fonde de quarante cinq braffes a cinquante/ã ny aura point de cours ã auras fon fons ã ne feras point loing de terre plus dune Veue.

Sacße que encontre les rocßiers de la Boucque Vient le flauy du fu fyroeft.

Entre le Four ã Breuerac Vient lefße de left noidest.

Entre Breuerac ã lifle de bas Vient lefße de left / ã piens Vn quart du noidest.

En la cofte de lifle de bas a la Routtere de lifle damont Vient lefße de left fuest.

¶ Deßois Heptifles Vient lefße de left/ã piens du fuest paraiffement ainfi est dedans.

Deßois Viußac Vient lefße de left.

De Viußac iufques a fainct Malo Vient lefße de left fuest.

¶ Sacße quentre Quafquet ã Dine/Vient le montant du fu fyroeft iufques a dempe maree.

Et des Dine iufques Barreflour Vient lefße de left.

Et des Barreflour iufques auy ifles fainct Macot Vient lefße du fuest.

¶ Senfuyt les Veues qui font entre Cßief de Boys ã Flandres.

de la Mer.

Saches que de Chief de Boys a Chief de corps ya — Vne Veue.
De Chief de corps es barges Dolonne — Vne Veue.
De barges Dolonne a Lissedieup — Vne Veue.
De Lissedieup a Bellisle — trois Veues.
De Bellisle a Groye — Vne Veue.
De Groye a Glenans — Vne Veue.
De Glenans a Pemmarc — Vne Veue.
De Pemmarc au Ras — neuf lieues.
De Chief de Boys au Ras Fontenaup ya dip Veues. Et de lieues
  soipante (t dip lieues.
Du Ras de Fontenaulp a sainct Mahe — Vne Veue.
De sainct Mahe au Four — Vne Veue.
Du Four a Bregerac — Vne Veue.
De Bregerac a lisse de Bas — Vne Veue.
De lisse de Bas a Septisses — Vne Veue.
De Sept isses a Brehac — Vne Veue.
De Brehac a Froulle — dip lieues
De Froulle a sainct Malo — quatre lieues.
De sainct Malo a Chasaye — sip lieues.
De Chasaye a Jarsaye — sept lieues.
De Jarsaye a la Hacque — huict lieues.
De la Hacque a Bareflour — dip lieues.
De Bareflour a cul de Caup — troys Veues.
Cul de Caup est a lentree de Saynne.
De cul de Caup a Antifer — Vne Veue.
De Antifer a sainct Valeric de Caup — Vne Veue.
De sainct Valeric a Dieppe — Vne Veue.
De dieppe a lentree de Crotay — Vne Veue.
  Sensuyt de Soubme.
De lentree de Soubme insqnes a Estaplez — Vne Veue.
De Estaplez a Blannes — Vne Veue.
De Blannes a Ducarque — Vne Veue.
De Ducarque a Oftande — Vne Veue.
De oftande a Lecluse — Vne Veue.
  Sensuyuent les Veues de Sorlyngues / (t Dangleterre / insg
    ques en Ffandres.
De Sorlingues a Longues Chippes ya — Vne Veue
De Longue Chippes a Lissart — huict lieues.

De Lissart a Dodmen   Vne Veue.
De Dodmen a Cap de Rame   Vne Veue.
De Cap de Rame au Cap Bieurres   Vne Veue
De Cap de Bieurres a Torres   Vne Veue
De Torres a Dorlant   deux Veues.
De Dorlant a sainct Anteulyne/qui est aual de la Poulle Vne Veue,
De sainct Anteulyne a lisle Doubic dit les aguillons ya Vne Veue.
De lisle Doubic il te fault scauoir quelle dure cinq lieues de long.
Et du bout damont de ladicte isle iusques a Blanchief ya deux Veues.
De Blanchief a Romenay   Vne Veue
De Romenay es Dugnes   Vne Veue.
Du destroict a Eucarque   Vne Veue.
De Eucarque a Ostendez   Vne Veue.
De Ostandez a Lescluse   Vne Veue.

     Sensuyuent les marees du cap de Cornoaille iusques en Galles le long de la couste.

     Au cap de Carnoaille la lune en lest nordest pleine mer et au su suest basse mer.

A Padiston lune en lest vn quart de nordest pleine mer.

A Loudaye lune a lest plaine mer/et au su, basse mer.

A Caldaye la lune en lest vn quart de suest/plaine mer.

A Gras Hormes lune lest suest/plaine mer.

Es Ramaises a la poincte de Cardigan lune au suest plaine mer.

A Nulle sorbe lune en lest suest plaine mer.

A lisle de Fer/et lisle de Coulomps et Nasquin. Sauuatles la lune en lest suest plaine mer.

En routte de lisle de Magusique/es mons de Galuaye la lune au su suest plaine mer.

Et par toute la routte et lisle de May iusques a Erglas en auant et iusques en Escosse/la lune au su/plaine mer.

     ¶ Sensuyt les plaine des marees.

¶ Dortemue
Blanchief   nort et su.
Sainct Bie
Dichenoise
A romenays

Fontenaup
Sainct Vahe
Au Four
Au Brenerac
A lisle de Vas
A port Blanc
A Grenoise
A Rocqueboe
A Quasquet
Dehoꝛs a la Hogue
A Dine
Au ras Blanchart
Au quatre Ras
En Flandꝛes
Antour de Blancquiet Dergue.
Espaigne
A Hoꝛlingue
A Monsolle
A Fauuie
A Plemue
A Dartemue
An Lancresson de Poꝛlans
A Poꝛlans
An Saynne
Aup Aguillons
Au dos de lisle Doußie.

Su et syꝛoest.

Noꝛoest et suest

Noꝛt et su.

Sensuyuent les routtes/et comment gisent les poinctes le long de la couste Dangleterre deuers le su/ Et premierement.

Dislingues et longues Chippes/ou le Cap Dangleterre gisent est noꝛdest et oest syꝛoest/et prens le plus du noꝛdest et du syꝛoest.

Hoꝛlingues et Lissart/gisent est et oest/et entre Hoꝛlingues et Lissart en sa dꝛoicte routte/ya une basse de pierre q̃ est le trauers de Mon solle/et sappelle la rossee Et en Bꝛeton Gouiff et elle paroist des demye maree et qui part du chef de Coꝛnoaille il fault seiller et aller en lest suest pour doubter Lissart/car ainsi gisent les deup terres.

Le cap Dãgleterre ou Chippes et Lissart/et gisent est suest et oest noꝛoest.

Lissart et Monsolle gisent suest et noꝛoest. Lissart et Dodmen noꝛdest et syꝛoest et prens un quart de lest et un quart doest.

Lissart z la pierre de Plemue est nordest z oest z syroest. Lissart z Gaudestier est z oest/z prens vn quart de nordest z de syroest. Gaudestier est a-
ual Dartemue deup lieues de Gaudestier va a lest nordest/iras querir
Porsans.

¶ De Gaudestier va a lest vn quart de nordest/tu iras querir lisle Dou-
hic/z passeras dehors Porsans quatre lieues.

Porsans z le cap saincte Alayne est oest.

Lisle Doubic z Beauchief est z oest/z prens de lest en la mer z de loest en
la terre.

¶ Le poinctaup de sainct Nonys qui est aual de Doule vne lieue. Et le
poinctaup de lisle Doubic deuers loest est sueft z oest noroest. Beauchief
z le poinctaup de Romenay est nordest z oest syroest.

Et prens le plus de lest z de loest.

Le poinctaup de Romenay z de Doure nordest z syroest. Le poinctaup
de saincte Marguerite z Tenet nort z su Tenet z Terre Vermeille
nort z su.

Tenet z la Coullere de Gernemue nort z su/z prens vn quart du nordest z du syroest.

Sensuypnent les sondes quon trouue a venir de louant de Portugal
Despaigne/z dautre part de la mer en fore. A venir querir Angletere-
re / Normandie / Picardie / Flandres / z le long de la coste de
Bretaigne.

SAche tout premier quen la coste de Flandres ny a lieu plus parfons que vingt brasses. Si tu sonde le trauers den ye port a vingt
brasses tu seras a vne veue de terre.

Et sache que la lune a loest syroest/sera plaine mer.

¶ Sache quentre Doure z la poincte de s. Gast ya de mer basse ppp.
brasses/z de plaine mer trante huyt. Car elle espesse de trois brasses z sera
la lune au siroest plaine mer/z court le flaulp au nort nordest / z tu seras
le plus deuers sainct Gast. Sache que Doure z le chasteau z la tour de
Bouloigne gisent nort noroest z su sueft.

Le chasteau. Doure z la poincte de sainct Gast gisent noroest z sueft.

Entre Dichenoise z le Crotay ya de pp v. a trente brasses z en chenal
ya de trente cinq a trente huict brasses.

Si tu sondez aual de Blachief cinq lieues ou sip tu trouueras trẽe trois

brasses de pleine mer: et trouueras en la sode coqueil/cestassauoir menuts
rochettes/plates et grosse cailloches parmy/ et le iusant porte a loest sp
roest. Beau chtef et sainct Bast/est et oest.

Entre lisle Doubic et la Houque/ya de trente cinq a quarante brasses. Et
sache que la Houque iusques au meillieu de la chenal est rochier/ et quat
seras le plus deuers Angleterre trouueras beau sable/et scauras de quels
le part tu seras. Et sache que deuers Orne ya faulce sonde/car pres de
luy ya/soipante brasses.

En noroest de Grenoise a la Beue ya soipante et dip brasses : Et parce
est il faulce sonde: Et deuers Angleterre en chenal trouueras soipante
cinq brasses.

Grenoise gist nort et sur et est ront deuers lest a qui est hors.

A la Beue de Poilans ya trente cinq brasses et beau sable Entre Orne et
sept isle ya en chenal cinquante trois brasses.

Entre lisle de Bas et Hauuic ya cinquante huict brasses.

Sache quentre le Four et Lissart ya en chenal cinquante huict brasses.

Et sache que des le Four nya lieu ou il y ait soipante brasses sinon soubz
Poursal.

Entre Ayssant et le cap Dangleterre ya en chenal soipante et dip brasses.

Et sache quau cap Dangleterre au pie de luy ya cinquante brasses.

Au pie de Lissart ya quarante cinq brasses.

Sache que Lissart se faict deup poinctaup et deup farraillos/et est le plus
parfont lieu de Cornoaille.

Et sache que si tu Bas a Haudester de nuyt/ne taproche po int plus pres
de terre de quarante brasses/st tu ne Beops bien ton bon.

Car tu doibs scauoir que la pierre de Plemue/ya trente brasses/et de
poincte a poincte ya trente brasses. Et parce sil aduient que tu pouse / ne
pouse point a moins de trente cinq brasses a ppp Biii. et seras dedans le
poinctaup dehors du cours.

      ¶ Si sonde se trauers du cap de Sorlingues/en su deluy a soipante
brasses/tu trouueras sable blanc menu comme orloge/et en y a parmy qui
est plat et log comme balle dorge. Et tu ne seras point plus loing de ter
re de dip ou douze brasses.

Sache que si tu Biens de la mer en fore/a querir Dyssant ou Lissart / en
la routte a cent ou a quatre Bingts et dip brasses/tu trouueras sonde gros
ses et seras de la part de sain enuiron Bingt lieues.

Et trouueras en ceste routte a quatre pp. brasses coquille comme sainct
Jacques / et coupz au plombz. ¶ Et en ceste routte prens du nort tant

ch lgr ta sode. Et si tu es a soirāte ou sy z cinq brasses tu trouueras sa
blon menu messe de Vermeil. Et seras a couste de Dyssant/z si tu a tēpe
z tout va le querir au nordest z set as entour de dix lieues de lisle. Et s
tu viens faisans ta routte entour la basse fresde tu trouueras sablon gros
Vermeil z roup/z trouueras de sonde quarante brasses.

¶ Sache que si tu es deuers le banc de Dorlingues/tu trouuera s quatre
vingt z cinq brasses ou quatre vingtz z dix / z trouueras plomb comme
coulleur de Vasse.

Sache que tu feras grās seillage quant seras deuers le banc de Dorlin
gues/z si tu es a quatre vingts tu trouueras sablon menu blanc z noir/z
soye certain que tu seras le trauers de Lissart.

Entre le chief de Cornoaille z Dyssant/trouueras en chenal septante z
dix brasses z asses pres du chief.

Entre Dodmen z le Four trouueras en chenal ly. brasses. Et si tu es a
trauers de Plemue ou de Bodesteurs tu trouueras sablon gros roup z
coupz dedās le fief/z trouueras de sonde pl. z Vne ou pl. z deup brasses.
A la Veue de Porsans trouueras trente cinq brasses/z menu perroys. Et
si tu es pres de Porsans tu trouueras trente brasses z pierres comme se
bues en ceste sonde z te durera iusques a sainct Antealine. Si tu es es
brasses susdictes / tu trouueras vne pierre blanche en figure des alenes
rompues z autres plus grandes/lors tu seras attrauers sainct Antealine
ou a trauers lisle Douhic / z de la va a lest pour toy garder de la cite de
Veille.

¶ A deup ou a trois lieues de lisle Douhic trouueras vingt z cinq bras
ses/z a coups z taillabes ou fief comme fil donge. A deup lieues ou trois
de Quasquet/trouueras soipante brasses z grosses pierres noires z ron
gueuses. Entre lisle Douhic z la Houcque ou plus pfond ne trouueras
que trente cinq ou quarante brasses.

Entre lisle Douhic z Antifer au plus parfond ne trouueras que vingt z
cinq ou trente brasses.

Entre Forlagues z Soubme en plus parfond ne trouueras que vingt
ou trente brasses.

Entre Foucquestan z Boulongne/y a vn banc q sappelle la Rippe rap
pe z est parmy la routte tant pres de Picardie comme Sāgleterre/z trou
ueras bort a bort de luy vingt cinq ou vingt z sept brasses.

Dessoubz le chasteau Douffre trouueras dip brasses.

A lestricte de Calays trouueras vint cinq brasses.

Entre Calays z Tanet trouueras vingt cinq brasses. En la rabbe de

Calays y a pʒi.braſſes. Eñ toute ſa couſte de Flandʒes / comme ay ia
dict deſſus ne trouueras que vingt braſſes.

⁋ Senſuyuent les congnoiſſances ⁊ merques de terres de Leſcluſe eñ
Flandʒes / ⁊ auſſi de ſa coſte Dangleterre.   Et premierement.

Si tu viens de la mer eñ foʒe querir les chenaulx de Flandʒes / ⁊
tu ſoye ſe trauers de Niſpoʒt a pviii.braſſes ou a xx.tu ſeras a
vne veue de terrre / ⁊ tu verras vne terre qui te ſembleralʒ eſtre
vne iſle ⁊ ſe mõſtrera p trois boſſes / ⁊ eſt ſe plus hault lieu de toute icelle
coſte ⁊ ſera ſa terre de nyſpoʒt / car elle eſt la plus haulte. Et eñ chault del
le y a vne egliſe / ⁊ deuers loeſt vne autre.   Et cela eſt la meilleure conſ
gnoiſſance de Flandʒes / ⁊ y a de la aupres vne veue. Si tu es de hoʒs des
bancs de Flandʒes / ⁊ tu veulx entrer dedans ⁊ aller dedans Leſcluſe / va
tant auant que tu a pes le clochier de legliſe par my le Foucquerois / qui
eſt ſus ſa coſte qui ſemble eſtre vñ columbier ou ſupe. Et quãt auras luñ
parmy lautre metz le clochier de ſaincte Catherine q̃ eſt ſe pʒochaiñ clo
chier de ſentree de Leſcluſe deuers loeſt.

Empres y a vñ clochier poinctu ⁊ dougé q̃ voyrras eñ terre / entre ſaincte
Catherine ⁊ la ville de Leſcluſe / ſe plus pʒes clochier de ſaincte Catheriſ
ne / ⁊ icelle egliſe a noñ ſaincte Anne.   Mectz ces deux clochiers a ouuert
luñ de lautre la largeur dung trect / ⁊ que celluy de ſaincte Catherine ſoit
deuers loeſt ⁊ ſera p my vñ gros puys de ſable: ou il y a vne pierre blaŋ
che deſſus: ſa choitte dudict gros puys deuers loeſt / ⁊ quant ſeras icelles
eſmes va ſus terre a la ſonde ⁊ iras ſus leſt ſueſt / ⁊ ne bouge poinct ceſtes
eſmes: Scauoir eſt les deux clochiers ouurés lū de lautre / ⁊ celuy de ſain
cte Catherine parmy la pierre du ſable / ⁊ va ainſi iuſques aye vne groſ
ſe tour qui eſt deuers ſe ſyʒoeſt / eñ terre ouuerte deuers leſt ſueſt / du clos
chier deheys ⁊ que voye la clarte entre ſes deux la largeur duñ trect ⁊ ne
trouueras poinct moins de quatre braſſes ou de cinq.

Et quant ſeras a icelles eſmes / ſcauoir eſt la tour ouuerte deheys la larʒ
geur duñ trect / va ſus leſt vñ quart de noʒoeſt / ⁊ ſonde ſouuent ⁊ te garde
du Laupiŋ car il eſt toitle.

Si tu es eñ Leſcluſe de Flandʒes ⁊ tu veille venir de hoʒs / des que tu auʒ
ras double la poincte de ſaincte Catherine / qui eſt deuers le ſu / pour ve
nir le long du banc. Et pour toy garder de ſuy metz vne tour que voyʒ
ras au trauers de liſle de Bayeŋ / a la poincte de liſle deuers le ſueſt / qui
eſt la tour de Conque ſyʒie: Metz icelle tout a ouuert du pʒochaiñ mouliŋ
qui ſera pʒes de la tour la largeur duñ nauire. Et que la tour ſoit deuers
le ſu ſyʒoeſt / la largeur duñ nauire / iuſques aye appoʒte vne autre tour qui

f

est par le meilleu de lisse de Gayen parmy vng village. Et sera la tour
parmy la poincte de Lescluse deuers saincte Katherine : Et puys va sus
loest vn quart de syroest/⁊ sonde souuent iusques aye le clochier de sain
cte Anne/qui est le prochain clochier de la ville de Lescluse en vendt vers
la mer/⁊ est bien dougee parmy le coing de leglise de saincte Katherine:ou
bien metz a ouuert ses deux clochiers:lun de lautre la largeur dun tref:⁊
que icelup de saincte Katherine soit deuers loest/⁊ sera parmy vng gros
puys de sable couuertde dureausme ou il ya vne paree blanche a la choits
se dudict puys/⁊ est ladicte paree toute blanche ⁊ puys voyras vne gros
se tour qui est en terre deuers le syroest ouuerte du clochier de Heys qui
est aual de saincte Katherine:⁊ fault laisser ledict clochier deuers loest/la
largeur dun tref ⁊ quant seras icelles esmes/metz le cap sur la mer car tu
es en bon chenal ⁊ ne bouge point les deux clochier ouuers lun de lautre:
Scauoir est celup de saincte Anne/⁊ celup de saincte Katherine / ⁊ va
ainsi ⁊ tu ne trouueras point moins de quatre ou cinq brasses / ⁊ iras sus
loest noroest/⁊ naye paour.

⁌ Et va celle routte iusques aye le clochier de Heys parmy le foures
roye que voyras/qui est sus la coste qui est comme vn colombier ⁊ seras
dehors des bancs/⁊ va sus loest iusques soie a douze brasses:⁊ quant se
ras a dip ou a douze brasses des bancs/va sus loest syroest ⁊ iras le de
stroit ⁊ ne couuoite point loest pour paour de Gaudoyn. En noit noroest
de Ducarque/ya vn banc qui gist nordest syroest ⁊ dure deux grans lie
ues de long:⁊ npa dessus de maligne que deux brasses ⁊ demye ou troys/
⁊de grans eaues ⁊ il est bien a trois lieues de terre. Et en mer de lup ya
treze brasses ou quatorze de parfot. Et en terre de lup ya huyt ou ip.bras
ses ⁊ a nom ledict banc de Marbit.

⁌ Sensuyt du destroit.

⁌ Sache que la poincte de Dugnes/est vne poicte qui est blanche terre/
⁊ est entaillee dessus par sieux de terre noyre/⁊ est la plus dougee par le
dessus du bout deuers lest nordest ⁊ au bas dicelle poicte voyras vn cha
steau qui est sus le plus hault de ladicte poicte/⁊ est deuers loest:⁊ au bas
dicellup chasteau pres de lup voyras vne baye noyre/ou il ya vn petit
haure qui a nom Doure/⁊ au bas dicelle baye voyras la terre blanche ⁊
dessus toute esgalle ⁊ plange.

⁌ Si tu pouse es Dugnes/pouse a cinq brasses.

Si tu pouse a saincte Marguerite/pouse a sip brasses.

Si tu poses es Dugnes/⁊ tu veille aller amont/il fault que aille sus le su
suest pour soy garder de Gaudoyn/iusques soye my voye de la poincte

des Dugnes/dicelles bonnes qui font le deftroict/ɼ puys va fus left no2ɩ
deft/ɼ te demourra Gaudoin deuers le no2t deftreboɾt.

Au bas de Doure ya vne abaye que lon appelle Foucqueftã/ɼ en fu fueft
de luy/ya vn banc que lon appelle le banc de Foucqueftan /ɼ ya deffus
trois b2affes ɼ dempe de baffe mer.

Et eft entre Doure ɼ Bouloigne/ɼ ya deuers Bouloigne vingt vii. b2aff
fes/ɼ deuers Angleterre vingt ɼ cinq.

ɼ Si tu poufe a Romenay/poufe a dip b2affes ɼ auras ab2ie doeft ɼ fy
toeft.

Sache quil ya vn banc/ɼ dedans le banc ya fip b2affes de baffemer ɼ de
maligne:ɼ fus ledict banc ya vne b2affe ɼ dempe.

Romenay eft biɇ haute poincte/ɼ en hault de luy ya vne baffe terre p2es
de la mer qui fe monftre comme vn banc. Et eft par boffes ɼ bien long ɼ
poinctu de lun des boutz ainfi comme cefte figure.   Le banc.

ɼ Si tu veulp entrer en Dichenoife / aye tiers de maree/ɼ le garde du
poinctaup de babo2t:ɼ vo2ras le clochier de la ville:paffe celle voye car
dedans eft trop eftroit.

Si tu veulp poufer a Blanc chief/ va poufer a dip b2affes ɼ auras ab2ie
de oeft fyroeft.

Blanchief eft vn cap a qui vient daual/qui fe monftre eftre tout ront de
uers le fueft/ɼ va en appoinctant deuers bas ɼ au bas de luy ya vne fan
te de terre. Et Blanchief eft de telle figure comme cefte ey ap2es.

℣ Si tu veulx entrer a Portemue/prens merques au clochier & a Sept
Houstaulx blanc/qui sont au chief du poinctaux deuers le suest.
Si veulx pouser a saincte Alayne/pouse a sept brasses car le poinctaux
est trop hors.

℣ Amont de lisle Douhic bien trois lieues ya ung banc de rochier qui a
bien deux lieues de loing de terre a la mer/& est le trauers dun clochier/&
lon sappelle le banc de la Vieille cite.
Si tu veulx issir deuers saincte Alaynne/va sus le su suest & sil est montant va sus lest iusques a treze brasses.

℣ La figure de lisle Douhic est comme ceste cy.

℣ Si tu veulx entrer par les aguilles/va soubz elles & pres delles a sept
brasses/& ya une basse qui te demourra Destrebort/& est la merque a trauers du moulin. Et quant seras dedans le poinctaux q̃ est deuers le che-

tainpouse a sir brasses. Et quant seras le dedãs les deux poinctes/va
a contre Portemue/iusque tu voye la ville Dantône. (z iusques tu soyes
le trauers de la baye de lisle/z quãt seras a la poincte qui est pres la deff
me de lisle Doubric/va tout le long de lisle vng peu dehors iusques aux
aguilles.

(z Si tu veulx aller a Antône va pres de Houbre. ou si tu veulx aller (z
entre deuers la ville/ quant seras le trauers du poictaup de Dichenoise
va deuers loest/car la poincte trop chief en chenaux.

(z Si tu veulx aller a la Pousse / va tant auant pierre persee/ (z puys
pouse a sir brasses.

(z Si pouse a sainct Nony/ qui est vne ance qui est aual de la Pousse/
qui est vne eglise qui est fondee de la Trinite (z y a vne tour sus leglise
qui est carree. Et dicelle ance a la poicte de la Pousse ya bie deux lienes

(z Si tu veulx pouser en teelle ance que lon appelle Douny/pouse a cinq
brasses/z metz vne croix qui est sus la poincte deuers le su parmy vne
pierre blãche q est sus la poicte/(z seras len 63 paux (z pouse a cinq brasses
tu auras abris de su de syroest deoest de noroest (z de nort / (z te viendra
nort nordest dess9 la poicte/(z su suest/dessus lautre poicte (z te garde de
celle du suest car elle gist hors q te demourera lisle Doubic a lest suest. Si
tu veulx aller a Sainct Nony a lisle Doubic garde toy du banc qui est
en terre de lisle/(z pour toy garder de luy cours su le su suest iusques metz
la grousse poincte noyre qui est en lisle Doubic / deuers le nort quelle
soit ouuerte deuers le su de la grossepoicte blãche qui est aual de lanoyre
puis va hardiment contre la poincte.

Aual de Sony ya vne grousse poincte/que lon appelle saincte Estellyne
qui est la plus haulte deuers bas/(z est roitte/va en appoinctant en amõt
(z est terre blanche a qui est le trauers delle elle se monstre estre vne isle/
(z dicelle poincte a lisle Doubic y a vne veue (z dicelle poincte a saincte Es
tellyne a Porlans ya vne veue.

(z Si tu viens de la mer en foze/(z tu atterres le trauers de Porlans/
Porlans est vne isle qui est court isle (z gist est nordest (z oest syroest /(z
est terre noyre (z est hault deuers loest (z roitce/(z deuers lest est poinctu.
Et si es pres de terre a vne lieue ou dempe il se monstrera estre le plus
hault deuers lest nordest.

(z Porlans est vne isle qui est sain iusques a bort de de terre iusques au
gist dun pain côtre terre/(z te garde de ras de Porlans / car il est perilf
leux. Et est le plus fort au bout damont deuers lest nordest.

F iii

Porlans est ditelle figure

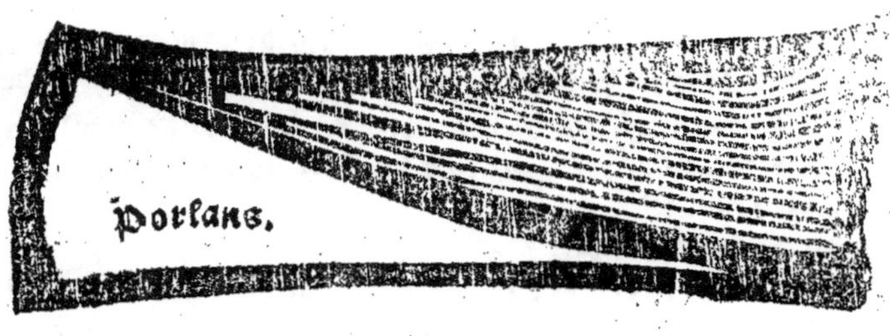

❡ Si tu veulx passer le ras de Porlans/ passe pres de terre bort abort car il ya le moins de courans ou bien passe a trois lieues de terre hors en mer/ car tu ne troueras pas si grans courans.

❡ Si tu veulx pouser a labris de lisle de Porlans poses a dix brasses: te demourra la poincte de lisle au suest/ ⁊ auras abris de surst de su de sy roest de oest ⁊ noroest. Et te viendra le nort dessus la terre/ ⁊ la prochaine poincte que verras en terre en nort noroest/ cest la poincte de Ayemue.

Si tu veulx pouser devant Aymue/ pouse le trauers de la poincte/ il ya dessus la poincte ou il ya vne croix dessus/ ⁊ voyrras vne tour en terre qui te demourra deuers le su syroest de la poincte. Et deuers le noroest tu voyrras la ville/ ⁊ seras en bon lieu pour pouser/ ⁊ ya six brasses ⁊ gros sable ⁊ dessoubz lisle est vase.

❡ Si tu as vn nauire de brasse/ ⁊ tu veulx aller dedans la poincte deuers le noroest/ a la prochaine ance de la poincte que voyrras en allant dedans a loest/ il ya tousiours brasse deaue tu seras a labris de tous temps sinon de nort mais tu pourras entrer dedans Aymue/ car tu seras a bort de lentree ⁊ ya dedans bon lieu.

Aymue est haure de maree/ ⁊ ya dedans bon lieu de tous temps ⁊ seras tousiours a flot.

Aual de Porlans ya vne boye/ que lon appelle la boye de Prestre/ et qui atterret dedãs/ elle est de mauluaise a esparer de vent de mer. Si tu atterr te le trauers destoit ou de lym qui est amont Bartemue tu verras la terre tranchee par cinq ou par vi. lieues / comme cinq moueeaulx de sel.

Et aual des tranchees la terre est rouge / z en amont de ces tranchees verras vne montaigne ronde z fourcheue par dessus. Et aual de ces tranz chees verras vne grant boye en terre z en amont dicelle boye verras vne terre qui se monstre come deux isles / z pres lung de lautre. Et le plus amont est ron deuers le syroest / z verras ceste terre quat seras amot Dartemue.

CLa prochainne poincte que verras amont Dartemue cest lym z la plus douyee deuers le nordest / est roitte / z ya bon abrис de vent daual des le suest iusques au nordest.

Dartemue a Gaudester ya.   deux lieues.

CGaudester se monstre vn cap long z gros z roitte deuers le syroest.

Et dessus est tout plange z hault deuers le syroest.   Et est terre noire comme ceste figure.

C Gaudester a qui est pres de luy en lhault / il est entaille dessus le plus pres de la poincte en venant au bas vers la mer: z au dehors de la poincte ya vne pierre / donne bon ryn a la poincte.

De Gaudester va au noit nordest / tu iras querir lentree Dartemue.

Entre Gaudester z Dartemue ya vng banc qui est bien long z fraint de mauuais temps. Mais il ya bonne passee en terre / a tous nauires. Si tu passe en terre passe pres du poinctaux de Gaudester / z va tout le long de terre car elle est bien sainne.

Aual de Gaudester ya vne grosse poincte de terre noire que lon appelle Boult / z qui est en amont dicelle poincte elle se monstre fourchue sus le bout deuers la mer z est toute roitte. Et semble a ceste figure si empres

F iiii

¶ Entre ceste poincte de Boult ¶ Saudester ya deux lieues. Entre les
deux ya vng banc qui est le trauers des deux poinctes / ¶ au dedans du
banc ya vng rade. Et si tu veulx aller pouser dedans range la poincte
de Boult car lentree y est pres ¶ ladicte poincte de Boult est bien sainne
dehors/mais dedans ya vne pierre/donne toy garde delle quant seras de
dans la poincte de Saudester. Et Saudester au Jour/ ya sept veues/¶
gisent noit noideest ¶ su syroest.   Plemue.

¶ La prochaine poincte que verras aual de Boult, cest la poincte de Ple
mue. Si tu veulx entrer en Plemue/va tout droict le cap sus.
Si tu veulx aller a la chenal Platine qui est deuers lest va pres du poinc
taup de baboit car destrebort est trop soubme. Si tu veulx aller a la chen
nal Doctembre/donne ryn au cap de lisle deuers lest / ¶ puys va auant
soubs la maison au chenallier/iusques aye le chenal ouuerte.
Et quant auras la chenal ouuerte/va sus par le meillieu ¶ quant le poin
ctaup qui demeure destrebort sera ariere du trauers va auant sainct Pal
trot/¶ iras pres du Fosser qui demeure destrebott.

¶ La pierre de Plemue est a trois lieues de terre.

¶ La pierre de Plemue.

¶ Si tu veulx entrer en Fauuic / va sus sainct Saulueur ⁊ puis va deuant le poinctaup qui demoure destrebort qui est dedãs / mais il te fault tirer de maree quãt seras dedans le poinctaup / pour aller deuant la ville

¶ Si tu veulx entrer a Sallemue / laisse la basse de quel que part que tu vouldras / mais deuers lest est le plus large ⁊ le premier tour que tu verras de la chanal est perilleup.   Et te demourra destrebort / mais va hardiment le Cap sus le chenal / ⁊ tu auras mestier de demy quart de maree / pour passer le banc. Et il y aura en paup deup brasses ⁊ demye de maligne. Si tu veulp pouser a Monsolle / va pres du grant mont de terre a vi. brasses ⁊ seras en beau lieu car a vii brasses est rochier.

¶ Sensupuent les Veues qui sont entre la coste Dangleterre / de Picardie / de Normandie ⁊ de Bretaigne.

DE Doure a la tour de Bolloigne	sip lieues.
De Douure au Radde sainct Jehã / qui est entre Boulloingne ⁊ sainct Vincent.	cinq veues.
De Ferlaquez a sainct Nicolas de haulte coste	iii. veues.
De cap de Caulp a saincte Alayne	cinq veues.
De Bareflour a saincte Alaine	trois veues.

De Bareflour a Porlans   cinq petites Beues.
De Quafquet a Porlans   trois Beues.
De fept ifle a Baudefter   fip Beues.
De fept ifle a Dodmen   fept Beues.
De Grenoife a lifle Douhic   cinq Beues.
De Quafquet a lifle Douhic   quatre grandes Beues.
De Grenoife a Porlant   quatre Beues.
De Grenoife a Quafquet   Bne Beue.
De Grenoife a lifle de Bas   trois Beues.
De Grenoife au Four   ciuq Beues
De Porlans au Four   neuf Beues.
De Baudefter au Four   fept petites Beues.
De Comelpan a Baudefter   fip Beues.
De Roquedout a Grenoife   deup Beues.
Chafteau Langlois ⁊ le Chief de la grue de Grenoife gifent nordeft ⁊
fproeft.   De Porlans a lifle de Bas pa   fept Beues.
De Grenoife a Porlans   trois Beues.
De Grenoife a la pierre de Plemue   quatre Beues.
De la Houcques a Berde   fip Beues.
De Porlans a cap de Cap   fip Beues.
De Quafquet a Porlant   trois grand Beues.
De Affant a Sorlingues   quatres Beues.
Du port de Sorlingues infques au Four pa   trente kieues.
De Liffart au Four pa   Bingt cinq kieues.
❧ Sache que le plus large lieu qui foit en la cofte de Angleterre des ifles
Douhic en amont/ceft Chouran / ⁊ la fouffe de Coffeuille / gifent nort ⁊
fu / ⁊ prens du noroeft ⁊ du fueft.

    ❧ Senfuy uent les routtes de Sorlingues ⁊ Dangleterre en Galles/
le long de la cofte de Galles.

Orlingues ⁊ Loudaye gifent nordeft ⁊ fproeft ⁊ ya entre eulp
                          pp Biii. kieues.
     Cap de Cornouaille Loudaye/gifent nordeft ⁊ fproeft Bn quart
de nort ⁊ fu/⁊ ya entre eulp   ppB. kieues.
Loudaye ⁊ Calday gifent nort ⁊ fu/⁊ ya entre eulp   dip kieues.
Cap de Cornouaille ⁊ Conquerre gifent nort ⁊ fu/Bn quart de noroeft ⁊
de fueft / ⁊ ya entre eulp   trente troys kieues.
Cap de Cornouaille ⁊ Mafquup Goalles gifent noxt ⁊ fu / ⁊ ya entre
eulp   trente troys kieues.
Mafquup Goalles ⁊ Gras Horme gifent eft nordeft ⁊ oeft fproeft.

Gras horme ⁊ lisle de Fer gisent est oest/⁊ ya entre eulx   ii. lieues.

Lisle de Fer ⁊ Dulle de fort gisent est oest/ Vn quart de nordest/⁊ Vn quart de suest/⁊ ya entreeulx   deux lieues.

¶ Sensuyt les cours des marees de cap de Cornouaille/iusques en Galles le long de la coste.

D Cap de Cornouaille vient le flaux du su/⁊ le iusant vient du nort/mais dehors a deux ou a trois lieues vient la maree du syroest.

Et du cap de Cornouaille iusques a Londaye/vient le iusant de nordest/⁊ le flaux de syroest.

Et dehors lisle de Londaye vient le flaux de oest/⁊ le iusant de lest. Et entre Londaye ⁊ Caldaye/vient le flaux de loest nordest /⁊ le iusant de lest suest. Et ds Caldaye es Escamaye/vient le flaux de nordest/⁊ le iusant de suest. Entre scamaye ⁊ gras Hormes/vient le flaux de su/⁊ le iusant de nort. Et gras Hormes par toute la couste/iusques a Houliphet/vient le flaux du su/⁊ le iusant alencontre.   Et dehors en la routte prens du nordest ⁊ du syroest.

De Houliphet iusques a lisle de May vient le flaux de syroest ⁊ le iusant vient de nordest.

Et le long de lisle de May iusques dehors/vient le flaux de syroest/⁊ le iusant vient alencontre.

Entre lisle May ⁊ Escosse vient le flaux de loest.

Et le couste Descosse iusques es môs de Galnay/vient le flaux de loest de noroest/le iusant de lest nordest.

De Meurs de Galnay/iusques a la poincte de Loquestan/vient le flaux de nort noroest/⁊ le iusant alencontre.

Et dicelle poincte iusques a Tare/vient le flaux de su syroest/⁊ le iusant de nort nordest.

¶ Sensuyvent les rottes de Sorlingues / ⁊ Dagleterre/iusques en Hyrlande/tout le lõg de la coste/⁊ quâtes lieues a de lun a lautre.

Orlingues ⁊ Cap de Clare gisent est suest ⁊ oest noroest /⁊ ya entre eulx   cinquante lieues.

Cap de Cornouaille ⁊ Cap de Deil gisent noroest ⁊ suest Vng quart de lest ⁊ de loest/⁊ ya entre eulx trente trois lieues.

Cap de Deil ⁊ Cap de Clare gisent est nordest ⁊ oest syroest /⁊ ya entre eulx   quatorze lieues.

Cap de Clare ⁊ Musenes gisent est oest/ ⁊ ya entre eulx sept lieues

Musenes ⁊ Dulfaye gisent est sueft ⁊ oeft noroeft/⁊ ya entre eulx sept lieues.

Dulfaye ⁊ la Sonde Deblasquaye gisent noit ⁊ su/Ung quart de noroeft ⁊ de sueft ⁊ te donne bien garde des aguillons/⁊ ya entre eulx dix huict lieues.

Blasquaye ⁊ les isles Dareu gisent noit nordeft ⁊ su syroeft/ ⁊ ya entre eulx   xviii lieues.

Blasquaye ⁊ Blacroc gisent noit ⁊ su/ ⁊ ya entre eulx quarante lieues.

Du Blacroc seigle ⁊ va la vie de noit tu iras hors de toute Hyrlande.

Du Blacroc au Cantier il ya   six lieues.

⁊ Hensuyuent les cours du cap de Dieil/iusques au Cantier ⁊ cõmēt les marees deuers Hyrlande portent.

Ou cap de Dieil/ iusques aux isles de Saltaie vient le flaup de siroeft ⁊ prens de loeft/⁊ dehois en la routte / vient le flaup de loeft siroeft/⁊ le iusant de left nordeft. Et de Saltaye iusques a Dquelo/vient le flaup de syroeft/⁊ le iusant alencontre.

Et de Dquelo iusques a Lãbaye/vient le flaup du noit ⁊ le iusant vient du su. Et de lisle de Lambaye par toute sa couste vient le flaup de su sueft/ le iusant alencontre. Et de Malignes iusques a la poincte Darglas/vient le flaup de su siroeft /⁊ le iusant alencontre. Et de poincte Darglas iusques au Lancier/vient le flaup de noit noroeft/ ⁊ le iusant de sueft.

⁊ Hensuyuent les routtes du cap Dangleterre iusques en Hyrlande.

Le cap Dangleterre ⁊ Sorlingues / gisent est nordeft ⁊ oeft syroeft.

De Sorlingues a Londay tu iras au nordeft ung quart au noit de terre.

De Sorlingues a Batisco tu iras/gisent nordeft ⁊ syroeft.

Sorlingues ⁊ nulle foit en Salles/gisent noit nordeft su syroeft.

Londay ⁊ nulle foit gisent noit ⁊ su.

Londay ⁊ Teneby/gisent noit nordeft ⁊ su siroeft.

De Londay a Remeze/tu iras au noit ung quart au noroeft

Londay ⁊ Camasle/gisent est sueft oeft noroeft.

De la malle es isles de Saltays/tu iras au nordest vn quart a loest.

Le chief Dangleterre ⁊ la Malle/gisent nort ⁊ su.

De Sorlingues si tu vas au nort vn quart au nordest/tu iras es isles de
Saltays.

Les isles de Saltays/⁊ Remeze ⁊ Osse / gisent/ nort ⁊ su.

Osse ⁊ lisle Day/gisent nort ⁊ su.

Entre Remeze ⁊ Osse ya trops bds haures/scauoir est Cardinal/sainct
Dauid ⁊ primant.

Saltays ⁊ Osse/gisent est nordest ⁊ oest syroest.

Sorlingues ⁊ Domekiay/gist est nort ⁊ su.

Sorlingues ⁊ Hyet/gisent noroest ⁊ suest/prens vn quart du nort ⁊ vng
quart du su.

Sorlingues ⁊ Ongnatefforde/gisent nort norest ⁊ suest.

Sorlingues ⁊ cap de Claire/gisent noroest ⁊ suest.

De Londay va au noroest vn quart a loest/tu iras querir Corlaudays.

Corlaudays ⁊ le Poinctaup de Confalle/gisent est ⁊ oest.

Cap de Clare ⁊ les isles de Saltays/gisent est nordest ⁊ oest syroest.

Datcher ⁊ Turquerez/gisent nort nordest ⁊ su syroest. Et gist la coste
Dirlande nort noroest ⁊ su syroest/des la poincte de Dachier / iusques a
Turqueres/si nest a Mangue sainct George.

    Sensupt la routte ⁊ trauerse de Sorlingues ⁊ Despaigne.

Sorlingues ⁊ Rybedoc/gisent nort ⁊ su.

   Sorlingues ⁊ Langues/gisent nort ⁊ su ⁊ prls vn quart du noroest/
⁊ vn quart du suest.

De Sorlingues va au su/vn quart au syroest/⁊ tu iras querir Hyderes/
⁊ est Hyderes deup lieues a val Dortigueres.

La tour de Ongnatefforde/⁊ la tour de Fer / gisent nort ⁊ su:⁊ te gardee
de Sorlingues.

La tour de Ongnatefforde/⁊ le cap de Fineterre gisent nort ⁊ su prens vn
quart de nordest ⁊ vn quart de syroest Chez ⁊ cap de Priour/ gisent nort
⁊ su/Quinsalle ⁊ la tour de Fer/gisent nort ⁊ su.

   ❡ Sensupt la vraye routte pour aller en la ryuiere tresdangereuse de
Loyre/iusques a la noble ⁊ puissante ville de Nantes.

Sache que si tu veulp aller en Loyre/des que seras au pillier du quel
   tap faict mention/⁊ de la routte p cy deuät. Mais de rechief te veulp
enseigner en pillotant aucun nauire/tu pourras auoir honneur en tö faict.

   ❡ Et premier il te fault scauoir que lisle du Pillier ⁊ la poincte de Chef
moulin/gisent nordest ⁊ su syroest.

La poincte de Chemoulin est au bas de sainct Lesapres/ʒ y a dessus Vne
chappelle ʒ est Vne poincte noyre/pour bien Chenollier ʒ toy garder dune
basse/qui te demourra de babort qui est en su syroest de Pierre persee/ʒ des
Charpētiers/il fault que tu mectes Vn moulin qui est en terre/ le trauers
dicelle poincte noire de Chemoulin/parmy lance du sable/qui est au bas
de Chemoulin/entre Chemoulin ʒ Vne autre grosse poincte noire qui est
a Bat. Et pour toy garder de la basse/ʒ lō appelle la Lāberte. Sache que
quātu auras le clochier de la grant Guerrāde ʒ celuy du bourc de Bat
lun parmy lautre/ tu seras droit le trauers delles/ʒ si tu allois cestes mer
ques iros droit dessus.

Sache que ceste poincte dessusdicte/est la poincte qui est aual de la chap
pelle / epcepte la roitte car la chappelle ʒ le Pillier/gisent nort nordest/
mais les merques sont a lautre poincte au bas. Et parce pour toy gar
der des Charpentiers/quāt seras a demye lieue de terre/metz iceluy mou
lin dessusdict parmy la poincte qui est aual de la chappelle. Et que le mou
lin soit sus la poincte la largeur de deup treetz/pour estre ʒ aller seure
ment deuers lest des charpentiers. Et aussi pour toy garder de la basse
qui est au su syroest des Charpentiers/qui sappelle la Lamberte/ne metz
poinct celuy moulin hors de lance du sable deuers Bat/qui est aual de
ceste poincte noire susdicte. Pour toy garder delle ʒ quant auras les clo
chiers de Guerande lun parmy lautre / tu seras le trauers delle comme
dict est dessus. Et parce si tu Veulx aller sus terre / mectz celuy moulin
dedans la poincte la largeur de deup treetz. Et si tu Veulx courre ou
aller le bas/il fault mectre les deup clochiers deuant dictz de Guerrant
de a ouuert lun de lautre/de la largeur dun tref.

Et pour scauoir quant seras le trauers des Charpentiers tu auras le clo
chier du bourc de Bas/de Guerrande/parmy Pierre Persee/ou la poin
cte de Guerrande parmy Pierre Persee/ou la poincte de Guerrande
lon appelle voit Bayraust/mais si Vieulx aller sus terre/pour toy garder
deup ʒ passer deuers les deup: Va au merques deuant dictes le moulin de
Bas la poincte la largeur de deup treetz:ʒ Va ainsi seurement sus terre iusʒ
ques aye apporte le clochier de sainct Lesapres/ʒ agent la poincte ʒ le tilt
a ouuert de ladicte poincte/car si tu le fermois dedans la poincte en allāt
ceste merques/tu irops sus Vn bāc que lon appelle le Raure qui te demour
ra de babort/ʒ en terre en allant querir sainct Lesapres/ʒ est ce banc soul
me/car il nʒ demeure de basse mer comme rien beau/ʒ de plaine mer bras
se ʒ demye de mortes eaux:ʒ en terre de luy y a Vne chenaux tout du lont
de terre ʒ pres de terre de Vent ʒ arrime/mais donne ryn a chascune poin

ele.Et ya en ceste chenaup en terre diceluy banc deup brasses ₰ demye ou
trois de basse mer/₰ sont les meilleurs merques ₰ plus seures.   Mais il
vault beaucchoup mieup ₰ le plus seur daller la grant chenal car elle est
plus seure/₰ des que voyras vn grãt villatge qui est au bas de sainct Ces
sayres bien loing de la mer en terre/₰ nest pas le prochain villaige de
sainct Lesayres/mais cest le second/₰ ya entre cestuy villaige ₰ sainct Les
sayres deup moulins ₰ ya grant plante darbres en sour celuy villatge/tel
lement quil resemble estre vn boys/₰ ya au bout damont du villatge vn
grant arbre hault/₰ au bout du bas du villatge ya vng arbre ront ₰ pres
du villatge.   Quant voyras cestuy villatge/il fault que tu te mettes
parmy la poincte ou est ladicte chappelle ₰ est pres du   Cchemoulin pour
aller la bonne chenal.

Et parce mectz celuy villatge parmy celle poincte qui est en   lhault de la
dicte chappelle ou la chappelle est au dessus ₰ ainsi contre celle esme / ₰ ne
aye paour dudict banc de Raute ny dautre/₰ aussi ne ferme poinct le clochier de sainct Lesayres dedans les poinctes/car quant il sera pres delles
₰ ouuert delles tu seras en chenal ₰ ne va plus a terre. Et aussi pour toy
garder du banc qui te demoutra.Destrebort en entrant/que lon appelle la
Derme ne ouure poinct larbre rõd que verras/qui est au bout deuers bas
du villatge dessusdict hors de la poincte:qui est en lhault de ladicte chappel
le.Pour toy garder de la dicte basse de la Derme/faictz tant quil soit tou
siours parmy le gros de ladicte poincte/₰ va cestes esmes iusques a bort
de terre le trauers dicelle poincte/₰ donne vng a chascune poincte. Et par
trillement en amont dicelluy villatge ₰ pres de la mer verras vng autre ar
bre ₰ vn moulin/le moulin amont de larbre. Lequel si tu veulp tu puys
porter parmy la grosse poincte du rocchoys dessusdict/qui est en lhault de
la chappelle.Et va ces esmes iusques a terre/ ₰ tien le clocchier de sainct
Lesayres ouuert de la poincte de sainct Lesayres.Et ne trouueras point
moins de sip brasses ou de cinq du plain de la mer.Et du grant de leaue ₰
de basse mer/deup brasse ou deup ₰ demy e/₰ est bien seur ₰ approuue.

 ¶Et ledict moulin ₰ larbre susdict se trauers dune ance qui est en a
mont dicelle poincte ou est la chappelle la prochaine se trauers dun grant
chemin charroup/₰ quant seras en terre se trauers dicelle poincte il faul₰
dra que mectes le cap sus lest / Et a lest nordest le meilleur pour aller le
long de terre ₰ le chenal est passer en terre des marees. Sacche que suest
est trop escart du flaulp si nest amourable ₰ quant auras passe celle grosf
fe poincte/tu trouueras cinq brasses en chenal ₰ sept brasses.

Et quant seras plus auant amont en chenal le trauers de lautre baye

ca prochainne de sainct Lesayres/et tu trouueras neuf et dix brasses vase/
et tu pourras bien pouser le trauers dun moulin et dun arbre ou il ya vng
chemin entre deux/et parce si veulx pouser pour attendre la maree pouse
la. Sache quau su du moulin et dirette ance enla mer et bien a demye lieue en
la mer ya vne basse en su quart de suest/et en ya vn autre qui est sus le banc
du Derme/lequel sera pres de toy au dehors et en mer qui demourra a sec
¶ Si veulx pouser en bonne ance/qui est vne ance de sable qui est en a
mont de la chappelle a lane/ou de la poincte du rochoys qui est en amont
de la chappelle/q est a lentree de s. Lesayres en amont des Charpentiers bien
loing. Sache q si tu veulx pouser en ceste ance pour attendre la maree ou
par vent contraire tu auras abris de oest de noroest de noit et de nordest/et
y aura beau fond vase et bonne tenue et trouueras sept et huict brasses du
plain de la mer et de grans eaux/et de basse mer y aura quatre ou troys
brasses du moins.

¶ Et pour scauoir quant seras a terre pour pouser/tiens les deux poin
ctes qui seront aual de toy lune parmy lautre ou bien pres ouuertes et meetz
ton ancre car tu es asses en terre. Et pouse le trauers du chemin ou tu au
ras vng arbre rond et hault au bas de luy / et verras vng moulin pres de
larbre et en lest le chemin entre deux / pouse ce trauers et plus en amont si
tu pups et si tu veulx/mais il ya bon paux et bon lieu/ et la chenal gist de
la pour passer enterre des Morees est nordest et oest syroest et quart de su
est dudict chemin/et non pas loing a la mer mais sus le banc du sable nom
me la Derme/qui sera au dehors de toy et pres ya vne basse q couure de
my flaux/et paroist demy iusant. Et du plain de la mer ny aura dessus
deux brasses ou deux et demye/et de grans eaux car il demoure a sec bien
hault. Et sache quen su de chemin et de ceste ance de sable bien demy lieue
en la mer /en ya vng autre pierre bien hault qui asseiche pareillement
demy esbc/et couure demy flaux: et parce si tu bordoye donne toy garde
de ces pierre/quant auras ce chemin charouy entre larbre et entre le mou
lin/et ces deux pierres et les Charpentiers est le chenal: et quant tu appoin
teras le moulin dessusdict et larbre parmy la poincte qui est aual de toy
quil setoit sus la poincte va hardiment le granl chenal de sainct Lesayres
dehors car tu es en chenal: et trouueras cinq et six brasses de plaine mer/et
deaux mortes et de basses mer deux brasses.

¶ Le banc du Derme demourra en lest de toy/Et va de ceste ance de sa
ble et de ce paux susdict pour le su syroest/et iras querir du Pillier.

¶ Le pillier et Lisledieu v/scauoir est le bout des Chiens Poyrynes qui
sent nort et su. Et quant le moulin susdict sera au dehors dicelle poincte du

uers Bas/ȝ quil sera au dehors du rochois ȝ au sable / le trauers dune
petite maison ȝ tu seras pres delle ȝ amont delles lors garde toy du res
ceil de la maree. Et si tu abordoye pour aller amont / il est temps que tu
changes pour aller a lautre bort. Et si tu Bouloye aller hors / Sache
que quant tu auras icelluy moulin parmy ladicte maison / que tu es au
bas delles / ȝ lors tu peuz courre le bas seurement car tu es passe.
Sache pareillement que quant tu auras Bne grande maison dardoyse/
qui est amont dicelle poincte / parmy Bne ance de sable / ȝ tu auras Bne
itelle maison dicesse dicte poincte la largesc de deap trefz ȝ quant auras ledict moulin qui est turquoys a ouuert dicelle poincte deuers lest/
la largeur de deup trefz lors tu seras lauant delles. Et sache que
icelluy moulin turquoys est le prochain moulin de la mer.
Donne bon ryn a la poincte de sainct Lesaypes / car elle Ba bien hors
ȝ au dehors delle ya Bne petite basse qui ne descouure sinon du bas de
la mer ȝ de grans eaup: ȝ parce garde toy delle.
Item plus / sache que plus auant en la chenal / ya Bne autre basse Ba
dehors de ladicte poincte de sainct Lesaypes deuers lest / qui ne descouure iamais laquelle est dangereuse pour les grans nauires ȝ parfons
biers. Mais pour toy garder delle si tu es en grans nauires / ne Ba
poinct querir le paup de sainct Lesaypes / iusques ad ce que ayes Bn
grant arbre ouuert de leglise hault qui est en nort de ladicte eglise de
sainct Lesaypes.　　　　　　　　　Et puys Ba seurement aup paup/
lequel est meilleur pour auoir la cheminee du prioure : parmy Bne fuye
qui est aupres dudict prioure : ȝ tu trouueras sip brasses de plaine mer/
ȝ auras abris de syroest doest de noroest ȝ de nort.
Si tu Beulp aller de sainct Lesaypes a Pain beuf pour entrer en chen
nal / ȝ pour toy garder du banc lequel te demourra de babort qui est de
sable / il fault que tu apporte deup moulins que tu Boyras amont en
terre deuers le noroest de sainct Lesaypes / que les portes iusques a bort
de leglise. Et que lesdictz moulins soyent deuers le noroest la largeur
dun tref / ȝ tu seras en bon chenal : ȝ Ba ceste esmes iusques a Bn isle que
Boyrras / qui te demourra deuers lest destrebort en allant amont ȝ pour
toy garder dune basse laquelle est aual de lisle susdict nomme sainct Nycolas ȝ est bien auant en chenal / ȝ de plusieurs autres qui sont dicelluy
coste deuers le su / entre sainct Lesaypres ȝ ledict isle S. Nicolas mectz
les moulins susdictz deuers le noroest de leglise a la largeur dung tref ȝ
ne craindras rien ceste coste de Raip ȝ en especial la basse qui est en chen
nal iusques a icelluy isle de sainct Nicolas.　　　Si tu Bouloye aucunemen.

H

courre au large de la chenal deuers le nort ou noroest/ne ferme point
les deux moulins susdictz parmy vne maison blanche & haulte, qui fut
oung nommé George/ & y a rangent elle vne partie de sable rangent elle
& parce ne ferme pas les susdictz moulins de ladicte maison.

❧ Si tu te mectz lauant de Songes soing/ tu ne crains rien les bancs
deuers le nort   Et pour sçauoir quant seras le trauers, de la basse
susdictz/ tu auras vng moulin qui demoure au su/parmy vng bois/ &
lissue du boys deuers le nort nordest/& aussi verras la maison qui est
dudict boys a ouuert/ & lors tu seras le trauers de ladicte basse qui est
aual de sainct Nicolas.   Et quant seras en amont de sainct Nicolas/
tu pourras bien ranger la terre de Raiz iusques a Pain beuf/ dont est
le paux au dessus vng moulin surquoys/que voyrras sus vne poincte/
& le trauers dicelle poincte deuers le nort sont deux dangiers de pierre
que lon appelle les Monstons/qui sont en chenal & sont se plus deuers
le nort & deuers Songes/ & demourrant hault a sec de basse mer/& cou-
urant du plain de sa mer.

¶ Tien le clochier de sainct Lesayres parmy la poincte du Pain Beuf/ &
tu es en chenal sainct Lesayres/ sus la poincte de Pain est la meilleure
chenal qui soit. Et la pupe pouser & mectre lancre.   Car il y a beau &
bon fond/ & tu auras abris de su suest de suroest & de oest/suroest.

¶ Sache que le prochain clochier amont de sainct Lesayres du costé deuers Raiz reserue celuy q̃ i est en hault sus la poincte du passage/& sera le clochier de sainct Nicollas de Corset/ & est en amont de lisle que
lon appelle isle de sainct Nicollas/ & tu pourras pouser en amont de luy
vng petit/ sçauoir est du clochier/ & auras abris de suest de su de suroest

¶ Et en amont la prochainne poincte que verras/ sera Pain beuf/ la
ou il y a vng moulin dessus la poincte/ & en amont du moulin y a vne
brosse de boys rons. Et si veulx pouser il y a bon lieu pour grans nauires. Et pouse amont dicelle poincte le trauers du bois vng bien petit.
Et mectz sainct Lesayres sus la poincte a ouuert vng petit pour mieulx
estre en chenal.   Car au dehors de toy demourra vng banc de sable/
qui demourra a sec de basse mer   Et si tu veulx aller plus amont/ le
prochain clochier que tu verras deuers le nordest de la riuiere sera le
clochier de La Vaulx. Et aussi il fault que tu passes de laultre costé de
la riuiere/ pour aller amont deuers La Vaulx/ suche que il te demourra

Ung grãt dãgier de pierre destrebort en shault ɑ en amont que lon appelz
le Perauges / qui couuert oe plaine mer ɑ auffi demy flaup. Et pour
paffer deuers loeft de luy / ɑ pres de luy a ton honneur ɑ aller à bon
chenal tu Pirras en loeft de la Daup Ung clochier bien loing en terre
ɑ quant auras apporte ce clochier parmy Ung moulin de La Daup ɑ le
prochain moulin de La Daup tu feras en loeft de Perauges ɑ pres delle /
ɑ ne te ferre plus a elle. Et quant auras apporte ledict clochier a Ung
arbre rond qui eft en amont dudict moulin lors tu feras le trauers delle.
Et quant ledict clochier fera parmy les maifons de Lauaup dteelle deuers loeft fors tu feras amont delle / deuers left ɑ lauras paffee.
Elle eft bien en meillieu de chenal / mais fache que le chenal eft deuers
La Daup / q̃ eft deuers le nort de ladicte Perauges / car elle eft au fu de
la chenal. Mais pour toy garder delle en allant
amont / ɑ aller la bonne Chenal meetz le Clochier de Cordemiers au
bout deuers le fu dung grant Dillage que lon appelle le Dillage de Cort
demiers / ɑ eft le fecond Dillage en amont de La Daup / mais le clochier
eft bien loing en terre ɑ hault / car le prochain Dillage en amont de
La Daup. Et refemble eftre Dne Broffe de Bois ɑ parce meetz celuy
clochier de Cordemiers parmy le bout dicelup Dillage le fecond en am̃t
de La Daup nomme Cordemiers au bout deuers le fu. Et tu necrains
tien Perauges ɑ auffi eft en chenal Da cefte efmes ɑ merques ɑ ne rans
ge point deuers le nort car il ne font que dangiers ɑ roches qui Dont
hors ɑ Da ainfi iufques le trauers dicelluy grant Dillage ɑ tu pourras
pouser le trauers. Et il eft fus la riuiere bort a bort. Et pour toy gar
fer des dangiers qui font deuant La Daup ɑ fpeciallement dune baffe
que lon appelle Barbe horry qui eft deuant La Daup le trauers de leglife ɑ demeure a fec bien hault ɑ parce meetz le clochier de Cordemiers
parmy le millieu du Dillage de Cordemiers / ɑ non plus en terre pour
toy garder delle / ɑ de plufieurs aultres dangiers ɑ fault quaye tiers de
flaup / au my flaup pour paffer ɑ aller de Pain Beuf a La Daup / ɑ plus
en amont pour les bance qui font foubmes de fables. Et fi Deup pouser
deuant La Daup poufe hors ɑ aual de luy / le trauers dune groffe
poincte noire qui eft aual / ɑ garde que poufe fi hors quaye le clochier
de Cordemiers parmy le meillieu du Dillage de Cordemiers deuant
nomme / qui eft le fecond en amont de La Daup ɑ bort a bort de la
riuiere / car en terre ne font que rochiers.

B ii

De sainct Lesapres a La Baup ya   quatre lieues.
De La Baup aux Pelerins ya   quatre lieues.

Sache que pour toy garder de la basse Aurri qui est pierre ⁊ deuant. La Baup ne ferme point vne porte / qui est en vne maison au bout du bourc de La Baup deuers lest ⁊ gist ladicte maison nort ⁊ su. Et ne la ferme point parmy vng coing de meur que tu verras en mer delle / qui est au meillieu dung vergier / Sache que des La Baup, iusques au village de Cordemiers du coste deuers le nort / ne sont que dangiers ⁊ rochiers / des le trauers dicelluy village deuant dict.

Deuant que preignes merques au clochier a iceluy village / des le trauers dudict village va querir le bout de lisle que verras en amont de toy / qui te demourra deuers le su / ⁊ le range pour ton honneur / car il est bien seur / ⁊ deuers le nort ne vault rien ⁊ ya en ceste isle au bout damont deup ou troys grant arbres hault.

Et va tout le long de ceste isle au nort de luy / iusques soye a vng grand village / la ou il ya deup ou trois grans abres hault. Et quant seras le trauers de ces deup ou trois arbres / va du coste deuers le village ⁊ deuers les arbres qui sera deuers le certain ⁊ deuers le nort / ⁊ aussitu pourras bien pouser la / car il ya bon paup / ⁊ va tout le long de terre deuers le nort / car il est seur iusques a la poincte / que verras deuant toy / la ou il ya de grans arbres hault ⁊ plusieurs ⁊ quant seras a icelle poincte / ⁊ tu verras de lautre bort de la riuiere vn grant village / que lon appelle la Martiniere / qui est en aual du clochier du Pelerin / ⁊ pres ⁊ au dessus ledict village verras vn moulin turquoys il fault que tu mettes icelluy moulin parmy vne grant maison ⁊ la plus haulte dudict village de la Martiniere : ⁊ puis va ceste esmes ⁊ merques en trauersant la riuiere deuers le su / pour toy garder dun banc de sable qui te demourra deuers lest / iusques soye du coste deuers le su a la Martiniere.

Et va tout le long a honneur de toy / car il ya vne mauuaise basse au bout damont du village qui demoure bien hault a sec / ⁊ vne aultre au bout de bas ⁊ parce ne range pas trop ledict village de la Martiniere. Et tu puys pouser audict village au bout daual / ⁊ le trauers du village il ya bon paup. Et aussi tu pourras pouser au Pelerin / ⁊ dauant ⁊ en amont vn petit / car il ya bon paup.

Du Pelerin il fault que trauerses deuers le port de Conaps / qui est de lautre coste de la riuiere / ⁊ pres deuers le nort au noroest.

Et puys va le long de terre iusques le trauers de Coarton qui est pres du port de Conaps / ⁊ si tu veulx pouser la pouse au bout damont / de

Coapron) se trauers de la montaigne / qui est rangent la Ville car il ya bon pauy. Et si tu veulx aller plus amont / va tout le long du coste deuers le nort deuers Coapron / car cest la meillieure chenal.

Et aussi tu laisseras lisle deuers le su iusques a la grosse montaigne: nonobstant quil y ayt bonne passee deuers lest de lisle. Mais pour toy garder dun rochier bien grant qui est au bout dune aultre isle / ouquel est la maison du Duc / tiens les moulins qui sont au port de Conays en hault / et au bas de luy tiens les rangent la chappelle dudict port de Co-nays et a ouuert deuers le nort vn petit:et laisseras lisle deuers terre et deuers le nort et passeras en nort du rochoys / et demourra led rochois en mer de toy deuers le su. Et aussi laisseras ladiste isle deuers le nort en) laste isle ya deux grans arbres. Et aussi la meillieure chenal est en terre de luy du long de terre deuers le nort / par grans nauires iusques a vne grosse poincte haulte / en laquelle poincte ya dessus vne chappelle: et en mer dicelle poincte est lisle en laquelle est la maison du Duc / qui est vne grant maison haulte. Et est la seconde isle en amont de Coapron.

Et passeras au nort de luy et a bon tyn / car au bout daual de luy est le rochois deuant dit / ou il fault prendre mer ques au moulin du port de Conays.

De Coapron au port de la Digne / qui est au bas de Conays ya vne grant lieue.

Et quant seras a ceste grosse poincte / il fault trauerser deuers le su/ deuers vng Village.

Et au bas de luy ya vng port / que lon appelle le port de la Digne: et la tu puis pouser / car il ya bon pauy le trauers dudict Village/ et au bout de bas dicelluy : car au bout damont dudict Village / ya vn rochier bien dangeureux: et est ledict Village deuers le su de la riuiere / et en amont de lisle ou est la maison du Duc.

Et sache que ce rochier est amont du Village et pres / et commance le trauers de la poincte de lisle laquelle isle est aupres dudict Village bort a bort : et est ceste isle toute plaine de saules : et sache que celuy rochier deuant dit est la/et commance au bout de ladicte isle le trauers du bout daual. Et va en amont bien loing / et va le trauers de la riuiere bien vn trect darc: mais il ya vne brosse de boys tout aual dicelluy Village / et le hault sus terre: tien icelle brosse de boys a ouuert de deux ou de trois grans arbres /qui sont en celuy Village et au bout de bas / et que le boys a ouuert desdictz arbres deuers le norouest : et ne crains rien ledict rochier et te garde de luy/car il est dangereux. Et pour toy garder dicelluy ro

chier / ferme le clochier de Coapron parmy la grosse poincte/¶ desans
elle qui est en amont dudict Coapron / ou est la chappelle dessus /qui est
dicelluy coste deuers le nort / ¶ tu ne crains rien ledict rochier/¶ passeras
en nort de luy / ¶ demourra vng banc de sable en nort ¶ en noroest de
toy / ¶ parce donne toy garde de luy ¶ sonde souuent.

¶ Du port de la Digne iusques a Nantes ya   ii. lieues.
¶ Des le port de la Digne amont / mais que aye passe celluy rochier/
le chenal demoure ¶ est deuers le su / iusques soye a la montaigne.
¶ Et aussi au grant Chaisne / que lon appelle le Chaisne Vers / ou lon
tire la pierre/¶ la ya bon pauy   Et puys va par le meillieu ou le meil
leur deuers le su a la sonde / iusques deuant les faulbours de la Ville:
que lon appelle sainct Julian / ou bien la Fousse de Nantes.

¶ Si pouse a la Fousse pouse au de bas Julian/ou bien au dessus / car
le trauers delle ya mauuais lieuy ¶ si pert plusieurs ancres.

¶ La Sulfaye de Nantes est en amont de sainct Julian / deuers le su/
le trauers de la Foterne /qui est rangent les pons de Nantes.

¶ Si tu es a sainct Lesayres / ¶ tu veulx aller par le chenal Poicte
uine / ne ferme poinct vng grant arbre hault/ que verras en nort dudict
sainct Lesayres sus vne poincte de roc qui est parmy leglise dudict lieu
¶ quil soit a ouuert la largeur dung tref de leglise / ¶ va cestes esmes.
Et tu ne crains rien vng dangier qui te demourra deuers loest destre/
sort de toy que lon appelle la Crue / ¶ aussi ne crains rien les aultres
dangiers.

¶ Et pour scauoir quant seras le trauers de la Crue il ya vng mou
lin deuers sainct Lesayres en hault/ le trauers dune ance / lequel sera
parmy vng grant chemin charrauy ¶ tu seras le trauers delle.
Et pour toy garder dune autre pierre que lon appelle la Coronee/prens
tes merques a deux clochiers qui sont en lisle de Noirmonstier.

¶ Sache quau nort du Pillier / ya vne pierre ou il ya douze brasses
au pied delle.

¶ Sache que quant la terre de Guerrande sera parmy Pierre persee
la poincte que lon appelle Porthayrault /¶ par especial le clochier du
Bourc de Bas parmy ladicte Pierre persee lors tu seras le trauers
des Charpentiers.

¶ Sensuyt pour aller a Bourcneuf.

SI viens de sainct Lesayres /¶ tu veille aller a Bourneuf par
le chenal qui est le long de la terre de Raiy/ deuers le su/ dont
on appelle icelle poincte la poincte de Cheuesche / ¶ donneryn

a ladirte poincte / car elle va hors.   Et parce ne la range poinct
deuers loeft.

¶Et quant feras a icelle poincte / z fauras double deuers le fueft au fu
delle / va tout le long de terre / car la terre eft bien faine z feure.

Mais il ya vng banc de fable qui va tout le long de terre par dehors
du chenal / iufques le trauers du premier clochier / que tu verras / que
lon appelle noftre Dame des Motiers.   Et parce va tout du long de
terre / iufques le trauers dune autre eglife z clochier qui eft a Pornic z
eft le prochain z ya vng haure dont la meilleure entree eft ranger de
uers loeft car fa poincte deuers left eft foubme / z ya vng chafteau a icel
luy lieu de Pornic fur la poincte / z quant feras le trauers de luy tu ver
ras deup arbres / dont le plus bas eft vng pinier z eft ront.

Et parce mectz icelluy pinier a ouuert du chafteau deuers bas.   Et
puys mectz le Cap fur la mer / iufques ad ce que aye apporte vng arbre
ront que voyrras en lifle de Noirmonftier / parmy trois gros puys de
fable noirs / que tu voyrras deuers left au bout de lifle z amont de la
Tour / puys mectz celuy arbre parmy le puys / qui eft le plus deuers
le fueft / fus le plus hault de luy : z quant feras a ceftes efmes ledict ar
bre pmy le puys / va ainfi ceftes efmes. Et mectz le derrire de tõ nauire
contre le puys z arbres / z nouure point ledict arbre dehors du puys de
uers le fueft / z tu iras querir Longueferre / qui neft pas foing du Collet
deuers le fueft.   Et pour toy garder delle tu voyrras en terre de Bourg
neuf z en amont en left / vng grant bois z hault : z parmy ce bois tu voir
ras vne eglife / ou il nya poinct de clochier / que lon apppelle fainct
Sire en Raip.

¶Senfupt de la Chefe de Noirmonftier.

Si tu veulp pouffer a la Chefe de Noirmonftier / pouffe a trois
braffes ou a deup z dempe a tout le plus pres : z tu auras adtis
de fu de fyroeft de oeft z de oeft noroeft. Noroeft te viendra du
couteau / z pierres moyne te demoutra au nott pres dune lieue : z fe
ras affez pres des foubmieres deuers le fueft/mais mectz larbre ront
fus le plus hault du puys.

¶Et fi tu veulp de la Chefe aller querir le pertuys du Rochoip /
prens merchee a vng arbre ront que voirras en lifle de Noirmonftier/
qui eft en fueft de la Chefe z pres de la mer / z ya trois puys rons.
¶Et pour aller querir ledict pertuys du Rochoip on lautre du Collet

H iiii

mectz trelluy arbre ront denant dit / parmy le puys le plus amont dem
puys/⁊ le mectz sus le plus hault du puys: ⁊ Va cestes merques ⁊ tu iras
tout du long des dangiers deuers le su / ⁊ ya vpn de eulp ⁊ aussi sont ce
stes merches pour pouser a la Chese ⁊ Va ainsi iusques ape apporte les
deup clochiers de Beauuoir lun parmy lautre les deup prochains / qui
sont deuers le nort / dont le plus dougie est le plus hault deuers le nort
des trois: ⁊ le second est le plus gros ⁊ se nomme sainct Phflibert. Et
quant ilz seront lun parmy lautre tu seras en chenal / pour aller querir
le pertuys du Rochois / Va seurement contre Beauuoir / ⁊ tu trouueras
sip ⁊ huyct brasses / ⁊ tiens tousiours les deup clochiers lun parmy lau
tre/iusques a ce que ape apporte le clochier de nostre dame de Mons par
my vne brosse de boys/que voirras deuers Mons:qui est pres du Cour
ceau de la Barre en su de moulin : ⁊ le plus en amont deup qui sont en la
plus clere de boys: ⁊ le moulin au bout du boys deuers locst / ⁊ dedans
lup de celup qui est le plus claret qui est en lest des deup : ⁊ tu seras en che
nal pour aller querir belles eaues ou Beauuoir.

Sensuyt du Collet de Bourneuf.

J tu Veulp aller de la Chese querir le Collet/prts tes merches au
S puys ⁊ a larbre/cōme tay dit dauant:⁊ quāt auras lepuys ondict
arbre/baille a dōc le cul a larbre ⁊ Va tousioℓs larbre sur le plus
hault du puys iusℓs/a ce que ape apporte vne chappelle qui est au bas de
bourneuf ⁊ au bas dune brosse de boys/ϗ est rāgēt Bourneuf ⁊ au bas ẽ
luy:⁊ a nō ceste chappelles. Sebastian pmy la poicte dud bois/pmy cest
le deuers locst:⁊ la chappelle pmy la poincte au bois/⁊ tu seras en chenal
pour aller querir le Colet. Et pour toy garder de Lōgue serre / Va cestes
merches ⁊ tu ne trouueras point mois de v.⁊ vi.brasses de plaine mer:⁊
Va ainsi iusℓs ape aporte leglise s. Cire/rāgēt dune eglise ϗ est en amōt
de Bourgneuf ⁊ est rāgēt vng bois / ⁊ na poīt de clochier:iusℓs lape ap
porte au vieil chasteau de Bourneuf/ϗ est vne motte noire/ϗ est rangent
la poincte du courceau du Colet:⁊ nape doubte de Lōgue serre:⁊ puys va
pouser ⁊ pouse assez pres de terre. Et a cestes merches scauoir est ladicte
chappelle de s. Sebastian pmy la poicte du bois. Si Veulp aller en Dain
ou en venir hors/ne va poīt querir le courceau ny ne sortir dehors deluy
iusques ape s. Cire au vieil chasteau/⁊ range deuers Bourgneuf/car la
poincte de Boing va bien loing.   Sensuyt du Colet de Bourneuf.

J tu Veulp aller au Colet par le cheual qui est le long de terre de
S raip/ ⁊ lon appelle celle poincte de Cheuesche/ainsi quay dict des
sus/pour aller au Bourneuf. Et iras querir Lōgueserre/qui nest

pas loing du Colet:⁊ est dehors de lisle de Boing. Et pour toy garder
dasle tu Voyrras en terre de Bourneuf/ Vn grant boys ⁊ haust ⁊ parmy
le bois tu Voirras Vne eglise ou il nya poit de clochier qui est sainct Cire
en Raiz comme dict est: ⁊ prens ainsi tes merques deuant dictes de lad
chappelle ⁊ du bois| car elles sont les plus seures: ⁊ mectz s. Sebastian
au bout dudict bois deuers loest. Empres mectz celle eglise parmy Vne
motte ISe / que Voirras a lentree du courceau de Bourneuf deuers loest
que lon appelle Vieil chasteau du Colet: ⁊ quant celle eglise sera parmy
celluy puis ou motte qui est noyre au bas delle / Va droict a la motte car
tu ne crains rien. Il te demourera trois rochois destrebort/⁊ aussi tu au
ras le clochier de Bourneuf parmy Vn puys de sable / qui est au bas de
la motte.   Et quant seras a ceste esmes/Va sus terre ⁊ Longueserre te
demourera destrebort deuers lest.

¶ Pour la coste de Bretaigne/⁊ premier du Four ⁊ de la Banche.

J Veulx aller au bas le long de la coste de Bretaigne / mectz le
clochier de la grant Guerrande ⁊ lautre petit clochier que Voirras pres de luy/mectz les a ouuer⁊ lun de lautre / le petit deuers
bas du grant:⁊ naye doubte daller hors/⁊ passer entre le Four ⁊ la Ban
che:⁊ tu trouueras vii.viiii.⁊ xvi. brasses /⁊ il ya plus de demie lieue de
large entre le Four ⁊ la Banche. La poincte qui est le trauers de Guerrande / que lon appelle le Porthairault/⁊ lisle de Dumet/gisent nort noroest ⁊ su sueft. La poincte de Guerrande / ⁊ la poincte du bon Sainct
gisent noroest ⁊ sueft :⁊ appelle lon celle poincte la croix de Guerrande
Le prochain clochier en amont cest sainct Grimoloys.   Et prochaine
boye est le Peloguin. La prochaine poincte en amont du Dumet deuers
lest / cest Priac:⁊ est celle poincte dagereuse / car elle Va moult hors des
dangiers qui la sont.   La croix de Guerrande ⁊ pierre persee/gisent est
⁊ oest/⁊ prens Vn quart du sueft ⁊ noroest.   ¶ Sensuyt de Morbien.

J tu Veulx entrer en Morbien/rangent la poincte deuers lest:⁊ te
garde dune basse qui est en terre delle deuers lest en Venant Vers
le bon Sainct.   Et quant seras aussi auant dedans comme celle
grosse poincte/qui est deuers lest qui faict lentree/ range deuers loest a la
sonde si tu Veulx car il y est plat si nestoye au millieu du chenal iusques
la poincte qui est plus dedans qui est le trauers dune monioye de pierre
haulte ⁊ grande comme Vng mõceau de sel:laquelle te demourra deuers
loest:⁊ quant seras le trauers dicelle poicte dõne luy bõ eyn car elle est ⁊
Va biz hors en chenal ⁊ dehors delle ⁊ de cõ paroist est soubme iusques
bil auant ⁊ en amõt delle ⁊pres delle ya Vn banc de rochiers qĩ est soubme

& sus lequel ne demoure gueres deaue de basse mer nya q brasse & basse & pe
donne luy bo & vij car en chenal est pfond asses & pute q cestbasse mer. & po
toy garder delle & dicelluy bac /quat seras le trauers delle/ Va en reqrant
Vne boye de sable q Verras sus le noet delle/lautre bort du chenal /iusqs
trouue pfod/& il y aura viiii.brasses/ & v viii en chenal & Vase/& te garde
de lisle des Cheures q est presq en meillieu de chenal/& est le trauers de la
grosse poicte q faict le ptuys de la Jument deuers le nort/ p ou lon Va a
Vanes/& icelle isle de Cheures couure de plaine mer/& te demoura destre
bort por aller en la chenal du raiy/& por passer a Comaria mais por sca
uoir quat seras le trauers d luy ou dicelle, pchaiy d luy ou il ya gras arbres & hault & quat icelluy Village sera pmy la motoye des pierres susd q
sot deuers loest & sot en su de leglise le Village pmy elle/ & tu seras le tra
uers de lisle es Cheures/ & a lettree deuers le su. & aussi por toy garder dice
luy isse es cheures/il fault q mectes Vng clochier q Voyrras en nort no
roest de toy sus terre/q lo appelle Vadan/pmy lisle q est en amot de lisle
es Cheures/q sera le secod isle q tu Voirras/si lisle es Cheures ne paroist
q est en amot de la grosse poicte q faict le ptuys de la Jumet/q te demour
ra deuers le nordest. & quat auras icelluy clochier dessusd pmy icelluy isle
& tu seras en mer de lisle es Cheures/& a bo & vij de luy deuers loest /mais
si tu mectz led clochier a ouuert de lisle la largeur dug tref/ tu seras bort
a bort de luy/cest le secod isle en amot. & pce quat seras le trauers de luy&
dicelle grosse poicte/ Va droict a leglise & pourras pouser sus deux ancres
ou troys/& ne rage pas trop deuers loest/car il est soubme: mais est Vase,
Por entrer en morbien il fault q tu rages sus le nort noroest/ il fault q tu
aille le nort iusqs a la poicte q est soubme/q est deuers loest & aussi por toy
garder de lisle susd & passer deuers loest de luy ne ferme poict. Vng Villa
ge q Verras deuers le suest en terre de la poicte q faiet lentree/ne se ferme
poict dedas la terre & tu ne craindras rien es Cheures. Si tu Veulx pou
ser a Comaria/pouse deuat leglise a viiii.brasse car le meillieur y est mais
sache q le meillieur pauy q soit en morbien & de tous teps / cest pouser der
riere le grat isle susd & nomme/la ou pret ses merches q est le secod isle quat
lo entre/except celuy des Cheures/leql courre & lon appelle lisle es Che
ures/lequel est le premier quat il paroist de trois isles/ mais quant il ne
paroist poict/ il nya que deux isles en est la meillieure passee deuers le no
roest de luy. Sache que il ya bon repauy dedas de tous temps/& est par
fond asses. Sache q dauant Comaria nya poinct de bonne tenue & parce
si ta Voys mauuais temps Va en dettroys direlluy isle dessusdiet. Si tu
Veulx entrer en Morbien Va nort & sus le nort noroest.   Si tu bougi

de Morbien/pour aller le bas/la pchaine poicte de Morbien/deuers lest
la on est la mõtoye des pierres dessus elle ꝙ la Tignouse/gisẽt nordest ꝙ
suroest/ꝙ passeras ẽ met de la Tignouse. La Tignouse est vne pierr̄
re bien haulte ꝙ ronde laqlle est bien loing des autres deup petites ijles/
autres dãgiers qui la sont nonobstãt quil nya poinct de passee entre elles
ꝙ les autres deup petites isles a grant nauires : ꝙ ya deup pierres bien
haultes qui asseichent ꝙ couurãt de maree/ qui ne sont pas si grãt comme
laõ Tignouse : mais elles sont plus ẽ chenal que la Tignouse : ꝙ parce
garde toy delles/ꝙ près merches a la poicte qui est ẽ nort du bõ Saïct/ꝙ
laõ Tignouse lũ pmy lautre. ꝙ Du ptuys de Bessic/Va a lest nordest
ꝙ tuiras querir la poincte du bon Sainct. Sache que du plain de mer ya
bõne passee ẽ terre de merbãt deuers loest/mais il fault rãger bort a bort
Merbãt a honneur de toy : ꝙ aussi quãt lautas passe/que tu viẽnes requer
re la poincte de Morbiẽ deuers loest a la sonde/pour deup isles qui sont
ẽ lest nordest de Merbãt : ꝙ ce puys bien faire en cas de necessite de mau∫
uais temps. Si tu veulp aller ꝙ passer par le pertuys de la Jumẽt mectz
les monioyes des pierres que voyrras ẽ hault sus terre ẽ nort nordest
de toy/lesquelles te demourront de bašort/qui resemblent estre deup pe∫
lites montaignes au dessus lautre terre/mectz les lune parmy lautre po∫
toy garder de la basse qui est ẽ meillieu de chenal q̃ lon appelle la Jumẽt
ꝙ aussi des Moutõs. Et que la plus ẽ terre soit ouuerte de lautre deuers
le suest ꝙ tu seras ẽ meillieu de chenal/ le coste deuers le nort ꝙ plus sain
bort a bort/ꝙ pareillemẽt quãt auras le village dessusd qui est ẽ su de Lo
maria/ousõt les arbres/ꝙ q̃l sera ẽ su de la mõtoye de pierres q̃ est ẽ su
de leglise ꝙ tu seras le trauers des Moutõs. Mais il sõt plus deuers terre
ꝙ deuers le suest/Ce sõt les premieres pierres q̃ sont ẽ entrãt ẽ Morbiẽ
du coste deuers lest/ꝙ aussi naye poit paour de rãge la poïte deuers le nort
du pertuys de la Jument/car cest le plus seur   Lisle dieup ꝙ Bellisle/
cõme auons dit dessus/gisent noroest ꝙ suest : ꝙ sache que si tu atterres ẽ
suest de Bellisle q̃ tu voyrras plustost Bellisle/ꝙ le cognoistras premier
que ne seras Hudic ny Houhac/car il est plus hault quilz ne som/ ꝙ aussi
ilz sont plus ẽ terre Bellisle de quatre lieues. Sache qua Hudic ya vne
chapplle plus pres du bout damõt que lautre ꝙ ẽ vne poincte qui est de∫
uers su/De lisle ẽ amõt de la chappelle/ya cinq ou sip maisons. Et au
bout de suy deuers le suest ya deup ou trois petites isles/ꝙ au bout de ces
isles ya vne pierre haulte ꝙ rõde /q̃ sappelle le Cardinaulp/ꝙ ya du Car
dinaulp a Bellisle pres de cinq lieues.
Du Cardinaulp ya deup lieues.   Du Four a la Banche vne lieue.

Et ya bõne chenal entre deux/mais il fault merques:z sont les merques
a mettre les deux clochiers de Guerrãde a ouuert lun de lautre/la lar
geur dun tref le plus hault deuers bas. Et sache que la Bãche dure taf
ques a Pierre persee/ℒ pres est iusques a lentree de Loyre de chenal en
tredeulx entre la Bãche z pierre persee/entre les Cardinaulx/z le pillier
ya vne veue: z lad Bãche dure quatre lieues.   ℂ Sensuyt de Houﬂac.

Ache que si tu veulx pouſer a Houﬂac/qui est la prochaine iſle de
Bellisle en terre deuers leſt est amõt si tu pouſe Houﬂac deuers le
nort noroest tu auras bõ abris de sueﬆ/de su/de syroeﬆ z doeﬆ/car
il te viẽdra sus les hoez ℒ sõt au bout de bas deuers le noroeﬆ de liſle
te viẽdra noroeﬆ /deſſ⁹liſle de Cãbarai/z ny auras pas grãt houlle z en
pauy aura dix braſſes z gros ſable z bõne tenue/mais en aucũs lieux ya
des pierres ſõde ſouuẽt quãt mettras lãcre pour mettre en bõ lieu. Et te
viendra sueﬆ deſſas la houe du sueﬆ z y aura en leſt sueﬆ de toy vne aul
tre pierre ℒ est ſeure deuers mer. Si veulx aller du coﬆe deuers le sueﬆ de
liſle de Houﬂac tu auras abris de noroeﬆ de oeﬆ z de siroeﬆ z te demoul
ta celle grãt pierre dõt deſſus est dit deuers le noroeﬆ. Sache ℒ si es pou
ſe en la boye deuers le nort de Houﬂac va pour le noroeﬆ z iras querir le
poinctaup de liſle de Cãbarain/si tu vois p le nort vn quart de nordeﬆ/
tu iras ℒrir Herbãt/va p le nort nordeﬆ tu iras ℒrir lẽtree du Morbien/
va p le nordeﬆ tu iras ℒrir le bõ Sainct. Si tu es pouſe en la chãbre de
Hoﬂar ℒ est deuers leﬆ sueﬆ de liſle/z est vne boye de ſable/ℒ est au tra
uers dũg petit boys ou il ya vne chappelle/tu auras abris de nort de no
roeﬆ z de oeﬆ syroeﬆ z auras vne petite iſle deuers le nort de la baſſe ou
il y demourra quatre braſſes de plaine mer z mortes eaues z en terre eﬆ
beau ſable/z ya bõne paſſee en terre/ z te dõnera abris de nort z y aura
viii. braſſes en pauy z beau ſable. Et si tu puis mettre a iiii. braſſes car p
toute la chãbre est beau fonds. Du bout de Hubic damõt va p le noroeﬆ/z
iras ℒrir la houe ℒ est en nort de la chãbre de Hoﬂac. z naye doubte de la
pierre ℒ est entre Hubic z Hoﬂac/cõbiẽ ℒe est dãgereuſe z est pres ℒ my
boye de lũg a lautre/z est preſℒ en routte/z pce va sus le noroeﬆ ou sus
le sueﬆ. Et dois ſcauoir ℒ poᵘ toy garder dune baſſe ℒ est le trauers du
bõ sainct/ne mectz pas la mõtaigne de Cras pmy la baſſe du bãt de Mer
bãt/ℒ est deuãt Morbiẽ/car tu irois droict deſſus pce mectz lad mõtaigne
de Cras en terre de Herbãt z tu iras en terre de la baſſe/z si tu mectz lad
mõtaigne en mer du bãt tu iras en mer de la baſſe.
Et poᵘ ſcauoir quãt seras le trauers delle il fault que mette vne tonnelle
de moulin qui est la plus haulte des deux qui ſont parmy le pignon de

la baye du bon Sainct / ꝯ seras le trauers delle. Le bon Sainct ꝯ le
pertuys de Bsic/ gisent est nordest ꝯ oest syroest. Sache que le pertuys
de Bsic / gist est nordest ꝯ oest syroest / ꝯ ya en ce pertuys le trauers de
la Tignouse / douze brasses ꝯ erasoyz / ꝯ du pattuys va le siroest / ꝯ
iras dedãs le poinctaulx de Brisse deuers le noroest va pat le syroest
ung quart doest / iras hors de poinctaulx de Bellisle.

¶ Si tu passe par le pertuys de Besic / de Vent contraire de bordage/
pour toy garder de dangiers quant tu courras sus terre si entre deuers
lest nordest / garde que ne coure tant sus terre deuers le certain : que tu
serme la poincte qui est en noroest du bon Sainct parmy la poincte nom
mee la Tignouse / qui est a lentree dudict pertuys Beste ꝯ elle te demou
ra destrebort. La Tignouse est la premiere pierre de lettree deuers lest.
Et parce garde que ne serme point celle poincte / qui est en terre du bon
Sainct parmy ladicte Tignouse / pour toy garder de deux ou trois
pierres qui sont plus auant en pertuys ꝯ courãt de plaine mer. Et parce
tien la poincte qui est en nort du bon Sainct a ouuett de la Tignouse
deuers le su ꝯ la Tignouse au nort. Et va seurement ꝯ naye doubte /
iusques aye apporte la montaigne de Cras parmy lisle le prochain du
Cabarain / ꝯ puys meetz le bon Sainct parmy la Tignouse pour toy
garder de Cherbon qui est vne mauuaise basse car il est pres que le meist
leu de pertuys ꝯ ne descouure point / mais dune grosse mer ou de Vague
il rompt merueilleusement / ꝯ est dangeureux parce meetz le bon Sainct
parmy la Tignouse / comme deuãt est dict car il est dangeureux de coup
demer / ꝯ pour petis nauires ꝯ pour grans iusques aõ ce que aye apporꝫ
le la montaigne de Cras parmy le meillieu des deux isles / qui sont entre Cabarain ꝯ ladicte Tignouse / ꝯ quant celle montaigne de Cras/
sera parmy le chenal qui est entre celle deux isles tu seras le trauers desõ
trois pierres. Quãt la montaigne sera dedans lisle le prochain de Cal
barain / tu seras passe celles pierres ꝯ pourras coutre sus terre/ iusques
aõ ce que aye apporte le bon Sainct parmy la Tignouse ꝯ naye doubte.
Et sil aduient que tu courres sus la mer / pour toy garder des dangiers
deuers mer : deuers le bout de Houhac deuers bas des que tu auras laõ
dicte montaigne de Cras parmy lisle prochain de la Tignouse tu seras
en plus destroict ꝯ seras aussi auant le bas comme la plus horaine poinꝫ
cte des dangiers deuers Hohac. Et pource ne serme pas vne petite isle
que tu verras au bout de Bellesse deuers le noroest dedans lisle / pour
toy garder dicelle poincte deuers Souhac ꝯ Sache que dehors du pertuis
de Besic deuers loest ya vne basse qui ne asseiche point si se nest de grãs

eaues & non pas souuent/maie de grosse mer la mer rompt dessus & est
dangereuse pour grans nauires & parfons & pres quen midi u est
plus en syroest/& se appelle le Cherbon & sont les merques trauersain=
nes le moulin de Cabarain parmy la maison du Duc de laquelle est au
bas de leglise de Cabarain. Et pour cognoistre Cabarain & Darreson
il ya plusieurs maisons & pour toy garder delles & aller le long tien le
bon Sainct a ouuert de la Tignouse deuers le su ou le meetz bort a
bort delle.

¶ Sensuyt le pauy de Bellisle qui est a noter.

Si Beulx pouser a Bellisle deuers Comaria/ qui est au bout de=
uers le surst de Bellisle/ pouse le trauers de leglise de saincte
Marie/ car il ya belle boye de sable/ & auras abris de nort &
noroest & oest/ & ya beau fond & ya une pierre le trauers du poinctau
asses hors. Si Beulx pouser a Bellisle deuant Polayns/ pouse le tra=
uers de la croip ou de leglise qui est pres de lautre/ & pouse a siy brasses
ou a sept/ & tu auras abris de su de syroest & doest te viendra noroest des=
sus la poincte/ & suest dessus la ure poincte/ & de la si tu bas su le noct
tu iras querir la grosse poincte de Cabarain. Si tu Beulx pouser a
Bellisle deuant port Sanson/ qui est le prochain rabbe du bout de Bell
lisle deuers bas en terre de lisle & y boyrras une eglise qui est tout bas
rangent leaue,

Et est du coste deuers loest du haure/ par le dedans du haure. Et au
dessus delle ya plusieurs maisons & lon demoure dedans ledict port
Sanson a sec de basse mer: & si tu Beulx entrer dedans/ range du coste
deuers loest/ & si tu Beulx pouser dauant/ pouse a treze brasses/ tu trou
ueras beau font de sable blanc comme coquilles/ & auras abris de oest
de syroest du su & de suest: & te viendra oest noroest dessus le poinctau
ou sont les poulains. Et au dehors de la prochaine poincte qui est aual
du port Sanson/ ya une basse bien hors de terre/ & le trauers delle en
terre ya une chapelle. Mais deuant de oest tu auras meilleur abris
deuant Polains car il ya abris iusques a noroest.

¶ Sache quen terre de Bellisle ya ung dangier bien loing presque a my
boye de Bellisle de terre & rompt dune grosse mer. Et est le trauers de
port Sanson/ entre le port Sanson & le certain presque en millieu: &
parce range dun bort ou dautre & non pas le meilleu. Et sont les mer
ques trauersainnes au moulin qui est a Cabarain: quant il sera parmy

lance du sable / qui est en la grosse terre au bout de bas ꝗ paroist ledict
rochier de basse mer ꝗ de grans iaues trois pierres.   Et si tu venops
de la mer en fore / ꝗ tu atterrasse entre Teliisle ꝗ Etope / entre des
isses le trauers de Logoal / qui est deup lieues aual de Labarain ꝗ se
monstre Labarain estre vne isle ꝗ gist est oest.

Et le bout deuers loest qui est deuers terre est tout ront ꝗ gros / ꝗ le bout
deuers lest qui est deuers la mer est long ꝗ dougie.

Et pups vopttas en terre deup petites isies / dequop la plus terrienne
est le plus gros / ꝗ est deuers lest : ꝗ pups vopttas pres de lu aual la
montaigne de Lras.   Adonques tu scauras ou tu seras le trauers de
Logoal.

Sensuyt de Etope.

Rope gist est ꝗ oest / ꝗ est vne isle a qui est au su de lup se monstre
estre entaillee au bout de bas / ꝗ en amont est poinctu ꝗ paroist de
loing par trois bosses.   Si tu veulp pouser a Etope pouse deuers le nort a huprt brasses / ꝗ tu trouueras gros sable ꝗ chalosches / ꝗ
si auras abris de vent de su de suroest ꝗ oest. Et te viendra oest noroest
du courteau dentre les deup terres / ꝗ feras pouse le trauers dune crolp
ꝗ dune ance de sable ꝗ demourra la crolp deuers le su.

Et si tu pouse deuers le su de la crolp / cest rochier si tu nes bien hors /
mais tu auras meilleur abris doest : ꝗ dicelle poincte ou est ladicte crolp
va par le su / pour doubler vne autre poincte basse / qui est deuers le sproest de lisle : car elle va bien vne lieue hors de lisle Et parce sault que
tu coure bien deup lieues par le su / pour top garder delle si voulops aller le bas ꝗ passer hors lisle deuers le suroest.

Et sache quil y a vne pierre deuers loest de lance / ou tu feras pouse le
trauers dune poincte la prochainne poincte de lance deuers le noroest ꝗ
ya vn moulin le trauers dicelle ance

Et dicelle poincte ou est la crolp de Etope / va par le nort / ꝗ iras que
tie le clochier de nostre Dame de Nermor / qui est a lentree de Blauet :
tu pouseras deuers loest des errans

Sache quen routteau entre Etope ꝗ le certain / ꝗ ya en chenal seize
brasses ꝗ vase.

Sensuyt de Blauet.

SI tu veulx aller en Blauet en chenal deuers loest / il fault que
aille tant le bas sus terre / que tu ayes deux grans arbres qui
sont sur la poincte deuers Nermor qui faict le chenal dung coste
deuers loest : les prochains arbres de la chenal mectz ces deulx arbres
deuers loest de leglise de Nermor la largeur de deux trefz & naye doubte
des errans / car il te demourreront destrebort. Et va sus terre a ceste
esmes iusques Bope leglise de sainct Francoys parmy la poincte de
Lopeditan : qui est la poincte deuers lest & quant auras leglise sainct
Francoys a ouuert de la poincte & rangent elle / va seurement & hardiment au poinctaulx deuers lest / iusques Bope les deux ruyaulx de
pierre qui sont sus le poinctal / & les mectz lung parmy lautre. Et va
cestes merques seurement au pointal / & larange bort a bort a ton honneur / pour la pierre qui est entre les errans & terre dont il fault prendre
merques au village de Groye qui ressemble vne brosse de boys / a mettre parmy les errans. Et aussi auras la prochainne maison du village / qui est en su de la poincte deuers lest tu auras celle maison la prochainne deuers le nort du village parmy vng puits de sable / & aussi seras le trauers dicelle basse / & aussi ne ferme point les deux clochiers de
Nermor lung parmy lautre / quilz soyent ouuers vng petit pour toy garder dune basse qui te demourra destrebort / qui est aupres de la chenal
& tu ne crains rien & va ainsi / mais pres tousiours merques en ruyaulx
& les mectz lung parmy lautre a ceste esmes iusques a la poincte / & naye
doubte & te demourra celle basse q est par le meillieu du chenal de babort.
& Et quant seras a poincte / va iusque le trauers du village deuers lest.
& Sache que si tu es aux poinctaulx de Froye deuers le suest va par le
norouest / tu iras querir le poinctaulx de Doellans / & passeras pres
dune basse / & en mer delle que lon appelle le Porc / & en nort de la poincte
de Groye deuers loest. Et sache que lauant delle en ya vne aultre.
Et quant seras le trauers delle tu auras vng moulin qui est en chault
de lentree de Camperle / tu lauras parmy vne brosse de bois / & seras
en noct de poinctaulx de Groye & pour toy garder delle & passer en
mer / il ya vng petit isle au bas dune grosse poincte noire / que verras
aual de Nermor / ne ouure point celle isle de la poincte / & tu va hors du
dangier susdict.

De Nermor a Camperle ya   trois lieues.
De Camperle a Doellans ya   vne lieue.
La seconde poincte aual de Camperle est Doellans / & peult lon en-
trer dedans de toutes marees.

Et pour bien cognoistre Doellans / il y a vne chappelle en hault sus la
saillopse / cest a dire sus le hault de la terre deuers loest.
Pour toy garder du Porc / il y a vne maison sus le poinctaup de Cam/
perse deuers loest / quil fault ouurir dune brasse de boys z su du boys.

⚓ Sensupt de Glenans.

J Veulp pousser a Glenans deuers lest / a vne ance de sable qui
est rangent la poincte de Pain froit tu y auras abris de su de sy/
roest z de oest z y aura pres de terre quinze brasses z vase mais
pouse a dip brasses / z te demourra la poincte a loest noroest. Si veulp
pousser deuers le nort se trauers de la saulte de lisse / en vne boree qui la
est / tu auras abris de vent de su de syroest de oest syroest. Et bort a bort
de terre y aura dip brasses de basse Mer z vase / z trouueras sus icelle va
se comme coural. Et sera la chappelle de sainct Nicolas en loest de toy.
Et la poincte de Pain froit en su suest / dicelle poincte de Pain froit / va
par le noroest z iras querir lisse de Mouton la poincte deuers bas / z va
pour loest noroest dicelle poincte de Pain froit / qui est deuers le suest de
lisle de Glenans / tu doubleras tretout Glenans mais va sus loest no/
roest bien vne lieue pour doubler Glenans. Et si tu veulp aller hors de
Pemmarch / va loest vng quart de syroest pour doubler Pem march.
Si tu veulp passer par dedans Glenans / passe pres de Glenans car
entre Glenās z lisle de Mouton / qni est en terre de Glenans) y a deup
grans basses de rochiers / qui sont my voye de Glenās z de lisle de Mou
ton z sont en routte pour aller le hault ou le bas. Et parce si tute veulp
garder delles si viens du bas garde que ne ouure point les houes / qui
sont deuers le suest de lisle de Glenans / de la poincte de lisle que lon ap/
pelle Pain froit / z tu ne les crains rien. Et pour scauoir quant seras le
trauers delles tu auras la poincte qui est deuers lest de la montaigne de
Calhara / parmy la plus grosse poincte de lisle de Mouton / qui est la
poincte deuers bas : z est la plus haulte poincte.   Et quant
auras celle poincte de montaigne parmy celup bout de lisle / tu seras a
lentree de la basse deuers bas : quant auras la montaigne parmy le meil/
lieu de lisle / tu seras sus le plus hault. Et sache quen amont dicelle en y a
encore vne autre / qui ne paroist si nest de basse Mer. Et quant seras le
trauers delles / tu auras la chappelle qui est en lisle de Glenans parmy
vne grosse houe / qui est le trauers de la poincte la est assise la chappelle.
Et quant auras celle houe parmy la chppelle / z quelle soit vng petit en
hault deuers lest de la ou chappelle / tu seras parmy le rochier : mais pour
te garder delles ne ouure point les houes / qui sont deuers le suest de lisle

H

de Glenans:⁊ range Glenans/car il est sain bott a bott tout du long ⁊
parce naye paour de le ranger du coste deuers le nort.

Sache que aual de lisle de Mouton ya Vne aultre petite isle basse /⁊ est
pres sun de lautre:⁊ au bas dicelle isle ⁊ plus en mer/ya Vne aultre basse
qui ne patoist sinon demy insant de grãdes eaup/⁊ parce garde toy delle.

Si tu Veulp pouser a Glenans deuers le notoest le trauers de la chap-
pelle/il te demoutra Vne grosse houe en suest/⁊ la chappelle en su/⁊ te bien
dra suest dessus la houe/⁊ su dessus lisle ⁊ syroest aussi ⁊ te demourãt tou
tes les houes deuers loest.Et trouueras beau font a sip brasses ⁊ Vase/⁊
si trouueras en la sonde tout le song de lisle comme courat:⁊ dessoubz cel
la est Vase ⁊ bonne tenue.

De la poincte de Pain froit/Va sus loest notoest:⁊ naye paour ne doute
de Glenans.

Sensuyt de Bonnaudet.

Si tu es au bout daual de lisle de Mouton/qui est en terre de Gle
nans ⁊ pres de luy:⁊ que le bout de Glenans/sauoir est Vne grãt
houe fourchue qui est au bout daual de lisle qui est fourchue / te
demoure au suest quart de su/Va sus le notoest quart de nort : ⁊ tu iras
querir lentree de sainct Thomas de Bonnaudet/qui est haure de toutes
marees/⁊ abris de tous temps sinon le su ⁊ de suest/qui Vient de lentree:
toutestoys il ne te peult nuire car il ya bõ lieu:mais pour toy garder des
dangiers qui y sont dun bort ⁊ daultre si tu le Veulp aller querir si Viens
deuers Glenans ou de lamer en fore:⁊ que tu passe deuers lest de Gle
nans /il fault que tu mettes sainct Nicolas de Glenans a ouuert dehors
de la poincte de lisle de Mouton de celle deuers lest : aussi tu passeras de
uers lest de lisle.Et Va ainsi iusques approche de terre/⁊ q̃ tu Voye deup
monceaup de pierres/qui sont comme deup hommes:que lon appelle les
Villains qui sont sus la poincte deuers lest/du haure:mais prens merq̃
a la tour cõme emptes trouueras en escript.Car cest pour passer au bout
de lisle de Glenans ⁊ aller querir la droicte Voye/⁊ toy garder des dan
giers qui la sont.Et quant Verras lesdictz Villains/pour toy garder de
deup pierres qui sont a lentree au dehors du haure/qui te demouront en
entrant deuers lest de toy/qui seront destrebort/dont la plus horaine ⁊ la
plus haulte/⁊ ront souuent la mes dessus de plaine mer. Et lautre est la
plus auant ⁊ plus en terre dune boulee darbaleste/⁊ couure demy flaup:
mais pour toy garder delles/quant Voitras les Villains dessusdictz/ qui
sont la poincte deuers lest/mectz les lun parmy lautre:⁊ que Voye le plus
hault Vn petit en terre deuers loest du basain/ou du plus bas ⁊/ puis Va

hardiment car tu es en chenal/ꝯ Va ainsi:mais garde toy dune croix qui
est pres des deux Villains ꝯ au dessus deulx:ꝯ est pres dicelluy q̃ est plus
hault/ car lentree est moult bas . Et est pres de mer. Et parce garde bien
car les Vayes/ꝯ que ne mectz pas ladicte croix parmy icelluy qui est le
bassain /car tu troys droict sus la pierre qui est basse/laquelle est plus en
terre:mais mectz les deux tuyaux lun parmy lautre/ꝯ puis quilz seront
vn petit a ouuert lun de lautre deuers loest/tu ne iras que mieulx.

Et Va ainsi iusques a la poincte deuers lest:ꝯ quant seras dedans elle ne
range point deuers icelluy coste : mais range deuers loest a honneur de
toy:car lentree est estroicte ꝯ aussi pour toy garder dune basse qui est de
uers lest par le dedans de la poincte bien auant en chenal:ꝯ couure demy
flaux ou plus tost:ꝯ parce range loest quant seras dedans la poincte / ꝯ
est celle basse le trauers dune petite ance de sable qui est deuers loest.

Et sache que le trauers de la basse qui est la plus hors/dõt dessus ay faict
mention/q̃ te demourra deuers lest le trauers delle/ꝯ en terre deuers loest
ya vne basse qui gist la:ꝯ est bien hors /qui te demourra de babort en en
trant qui est moult haulte de basse mer.   Et parce prens merques es
tuyaulx esquelz ay faict deuant mention qui sont sus le poinctal deuers
lest.Et naye doubte de ranger celle destrebort si tu la Voys/mais elle cou
ure ꝯ vont la mer dessus.Mais garde toy de lautre qui est plus auant de
dans elle/Car elle couure de demy flaux.

Et sache que pour toy aduertir ꝯ garder/quil ya troys tuyaux de pierre
qui sont sus la poincte deuers loest/ dont il ya deux les bas ꝯ le tiers est le
plus hault:ꝯ on y prent les merques pour soy garder de deux basses qui
sont en amont du haure/ꝯ en amõt des deux pierres deuãt dictes qui sont
a lentree bien loing en lest/qui sont le trauers de la poincte.

Et pour scauoir quant tu seras le trauers delles/quant tu auras le plus
haust Villain parmy le plus bas /ꝯ parmy celuy qui est deuers le su/tu se
ras en la horaine de pierres qui sont amont de la chenal.Et quant tu au
ras le plus hault parmy le plus bas/a celuy q̃ est le plus deuers le nott/
ꝯ lors tu seras a la basse a crestre qui est plus en terre de deux : mais tu ne
les crains rien:si tu ne Venoye damõt /ou en bordiet en amont du haure.

Item plus sache quil en ya encor deux aultres tuyaulx de pierres /qui
sont sus le poinctal deuers loest/qui sont encores plus dedans/q̃ ne sont
les autres troys deuãt dictz. Et quãt les auras lun parmy lautre/ꝯ lors
tu seras le trauers de la basse/de laquelle auons premierement faict men
tion/qui est la prachaine de terre des deux ou lon prent merques esdictz
Villains deuers lest. Et couure des my flaux/ꝯ est par le dedãs la Voye
qui te demourra destrebort en entrant.

H ij

Ꝇ Pour bien congnoistre Bonnaudet ꝫ lentree du haure/ sache quen amont de lay ꝫ pres du haure bort a bort/ ꝫ aussi pres de la houe/ ou il ya vne eglise dedans laquelle eglise tu pourras bien voyr ꝫ en amont ya vne grant bopee de sable/ꝫ aussi sache que verras en aval le trauers de lantudic vne grant eglise/ꝫ vne grand tour/que lon appelle Pontlabbe sus la poincte qui est aval/verras vng moulin/ꝫ sache que entre celle bopee de sable qui est en amont de lantudic/ ꝫ lautre bopee de sable qui est plus amont le trauers de la brosse de boys / nya point de rochiers quune qui faict lentree de Bonnaudet deuers loest/ car deuers lest est sable ꝫ la le cognoistras.

Ꝇ Sache que pour toy aduertir ꝫ garder dune basse qui est dehors de la poincte qui te demourra deuers loest qui est la plus hortainne poincte deuers loest/ ꝫ aussi demourra celle basse ou houe deuers loest bien loing deuers la poincte/ ꝫ ya sus celle poincte troys tuyaulx mais pour toy garder dicelle basse garde que ne te serre a terre dicelluy coste iusque a ce que aye ouuerte vne poincte que verras dedans le chenal / bien auant du coste deuers loest/de la poincteras dedans le chenal/bien auant du coste deuers loest de la poincte qui faict lentree de la geulle de la chenal / qui est pareillement deuers loest ouure celle poincte qui est la plus amont la largeur dung grant tref de lautre poincte qui faict lentree / ou mectz la Croix ouuerte dicelle deuers lest la Croix deuers le chenal de la poincte ꝫ tu ne crains rien scauoir en la basse qui te demourra deuers loest qui en trauersans de la poincte. Et sache que si tu mettoys la Croix parmy le tuyaulx Susain a celluy qui est le plus hault/tu laisseras toutes ces houes deuers loest /ꝫ passeras par le chenal deuers lest mais pour toy garder des pierres qui te demourront deuers lest qui sont le trauers de la poincte ne va pas tant en terre que fermes les tuyaulx / qui sont sus le pointal deuers loest lung parmy lautre. Cest adire le plus hault des troys dung des bassyns iusque a ce que aye apporte les merches qui sensupuent. Scauoir est la Croix parmy le tuyaulx Susain/comme apres cy est escript.

Ꝇ Sache que si tu veulx mettre la Croix parmy le tuyaulx Susain cest adire parmy celluy qui est le plus hault des deux tuyaulx qui sont deuers lest du chenal/tu laisseras toutes les houes deuant escriptes de ba bort/ꝫ passeras en terre delles deuers lest /par icelle chenal. Mais gar de toy bien que ne ouure poinct la Croix du tuyaulx Susain deuers le nordest de luy/ car tu iroys sus les houes qui sont dehors la poincte/ qui te demourra destrebort/ou lon prent merches pour soy garder delles

es tuyaux/qui font fus la poincte deuers l'oeft. Et parce fi tu veulx en
trer par icelle chenal/garde bien que tiennes toufiours la croix par les
tuyaulx.   Et qu'ilz foient l'un parmy l'autre.
Et va hardiment iufques a l'entree de la chenal/q te garde de la baffe qui
eft en meilleu de la chenal par le dedans de poincte deuers l'eft / dont deuant eft faict mention/q n'aye pour car tout vent qui te portera fus le noroeft te mettra dedans Bonnaudet.

Senfuyuent les merches pour aller querir Bon-
naudet/q paffer en amont de Glenans q de l'ifle
de Mouton.

Les a Bonnaudet q tu veilles venir q aller querir l'ifle de Mou-
ton/qui eft en terre de Glenans q aller dehors/quant tu feras dehors il fault que tu ailles fus le fueft quart de fu.
Mais pour mieulx chenoiller regarde en hault fus terre deuers le nort
tout en terre fus le plus hault lieu qui foit excepte fus la montaigne de
Malhara/q tu voyras une grand tour q haulte/q ne voyras rien aultre chofe quelle / ny arbre ny aultre chofe: car la terre eft egalle : q parce
quand voyras celle tour meetz la q apporte parmy la chappelle ou eglife qui eft dedans le haure deuers l'eft/la ou pafferas en trauers/q va ain
fi a celle merques iufques my voie du certain q de l'ifle de Mouton iufques voie Glenans la poincte damont que l'on appelle Pain froit com
me auons veu deffus:ouure la toute de l'ifle de mouton deuers l'eft/q puis
encores une autre boffe de terre la prochaine de Pain froit/q au bas q
fault quelle foit ouuerte dudict ifle de Mouton deuers l'eft/q il te demourra un dangier affez pres de toy/qui te demourra de Babort:q puis quant
pafferas my voie de terre q le dict ifle/apporte la chappelle qui eft dedas
Glenans ouuerte de la poincte de l'ifle de Mouton deuers l'eft.   Et va
ainfi pour toy garder de deux ou trois pierres q dangiers qui te demour
ront pres de toy deuers l'oeft:mais va ainfi la chappelle ouuerte de l'ifle q
n'aye doubte:q va ainfi iufques a la poincte de l'ifle de Mouton a honneur
de toy. De la poincte de Pain froit va fus l'oeft noroeft:q n'aye doubte de
Glenans.

Senfuyt de Pemmarch.

I tu veulx entrer en Pemmarch par la chenal deuers l'eft/laiffe
toutes les houes de Pemmarch de deuers l'oeft   Et pour toy
garder de toutes elles fi es au bas / va tant amont que apporte
une broffe de bois qui eft la prochaine de la mer q eft la prochaine brof-
H iii

ſe de la poincte qui eſt en amont de Pemmarch. Et ya le trauers dicel
le poincte pluſieurs dangiers en mer bien loing ⁊ lon lappelle la For
chee:⁊ te demourront tous ces dangiers deſtrebort en entrāt bien loing
⁊ par ce mectz la prochaine broſſe de bois que Voyrras aual dicelle poin
cte/⁊ la prochaine broſſe de la mer bort a bort/⁊ eſt vne broſſe de bois
courte ⁊ rōde:⁊ ſi en a vne autre en terre dicelle ⁊ pluſieurs autres broſ
ſes de bois/ Mais cela eſt la prochaine de la mer:⁊ parce pour toy gar
der de tous dangiers/ ⁊ ſpeciallement diceulx deuers loeſt / mectz celle
broſſe de bois ſuſdicte prochaine de la mer pmy vne groſſe pierre haul
te ⁊ ronde/qui reſemble eſtre vn pignon de maiſon ou vne Voille.
Et eſt celle pierre bort a bort de la mer ⁊ le trauers delle / ⁊ eſt rochier:
⁊ en amont entre celuy rochier ⁊ la poincte eſt en ſable/⁊ eſt amont des
houes pres de Pemmarch ⁊ parce pour toy garder de toutes les houes
deurs leſt de lentree en allant ſus terre/metz celle broſſe de bois amōt
deuers loeſt de la groſſe pierre deuant nommee/la largeur dung tref.

Senſuyt de Chenebourc.

S I tu pouſe a Mont Ville q eſt la prochaine aual de Chenebourc
⁊ pour biē la cognoiſtre tu Voyrras deux maiſons en hault ſur
terre/qui te demourront deuers le ſueſt. Si poſe au Caplloys a
Chenebourc tu auras abris de noroeſt⁊ de oeſt ⁊ ſyroeſt/⁊ de ſu ⁊ deſt
Et pouſeras vis a vis dun Village / ou il ya vne ance de ſable bort a
bort de Ville ⁊ ſi auras huit braſſes de pleine mer/⁊ de baſſe mer quatre
braſſes il fauldra q̃ tu amarres vn funayn en terre deuers le ſu/⁊ laul
tre de la mer/le chaſteau te demourra au ſu ⁊ ſache que pres de ta poin
cte du Caploys pres de terre/ya vnze braſſes de plaine mer⁊ beau fond
gros ſallte ⁊ groſſes cailloncßes. Et ſi tu es a celle poincte dangereuſe/
donne luy bon tyn ⁊ ſi tu pouſe auſſi hors comme elle tu ne trouueras q̃
ſix braſſes de baſſe mer/⁊ ſi ne court nulle maree.

⁊ Sache que la poincte de Cailloys de Chenebourc eſt vne poincte
baſſe/⁊va en appointtant deuers le nordeſt. Si tu pouſe en leſt nordeſt
de liſle Pellee/qui eſt deuant Chenebourc en amont de luy a vnze braſ
ſes / a beau fond ceſtaſſauoir coquail ⁊ cailloches / ⁊ deſſoubz liſle / ⁊
nulle maree ny court/ny de flaux/ny de iuſant ⁊ ſi auras abris de oeſt
ſyroeſt ⁊ de ſyroeſt ⁊ de ſu ⁊ de ſueſt / ⁊ te viendra oeſt deſſus la poin
cte.

⁊ La meilleure cognoiſſance qui ſoit pour cognoiſtre Capplloit ſi viene de la mer en fore/ɺ tu arriues le trauers de luy en amont.

¶ Sache que Verras en amont de luy vne boyee de sable ɺ la prachaine poincte que Verras aual dicelle boyee de sable/ceft Capploit tu y au ras abris de fproeft de fu /de fueft ɺ deft/ɺ te viendra nordeft deffus la poincte/fi es poufe a dix braffes. Et fi tu poufe a quinze braffes nau ras poinct dabris de nordeft/mais tu feras plus pare.

¶ Saches que la poincte de Capploit va bien hors / ɺ parce garde toy delle ɺ luy baille bon ryn/il ya dehors bort a bort dix braffes ɺ vnze pres de terre / ɺ parce ne va poinct plus pres de douze braffes ou de quinze fi tu ne fcais bien comment.

Et fi tu es vn petit plus/hors/autant comme la routte de left ɺ de loeft tu trouueras vingt ɺ huict braffes ou trente. Et feras pres de terre ɺ fi trouueras rochier ou gros fond. Et fi ceft la nuyct ne tapproche point plus en terre/car tu nen es point plus loing qua demye lieue de terre/ car ceft affes pres de mauluais temps.

Et fache que le trauers de la poincte fainct Nicolas de Bateflour tu trouueras vingt braffes bort a bort de terre. Et parce fi ceft de nuict/ ne tapproche poinct plus pres de vingt huict ou trente braffes.

¶ Si tu de pars de Capploit pour aller amont le long de terre ɺ il foit de iour/pour toy garder des poinctes iufques a fainct Nicolas / fi bous ges dudict Capploit des ʠ tu auras la la poincte de Capploit en amõt tu Verras en terre au deffus Chenebourc dune poincte de terre roitte ɺ la plus haulte/ne ferme point celle poincte dedans le gros de la poincte de Capploit. Et tu ne crains rien baille ryn a chafcune poincte.

¶ Et faiche plus que le trauers dune ance de fable que Verras aual de la poincte de Bateflour/ɺ a vne broffe de boys que Verras aual de luy ɺ eft le boys pres de la mer.

¶ Et ya vne pierre ronde ɺ haulte qui ne defcouure de nul temps/ɺ ne demoure fus elle de baffe mer poit plus de demy braffe/ou trois quars deaue. Et au pied ya vnze braffes ɺ beau fable.

Et parce garde toy delle fi tu vas le long de terre ɺ fi ceft de nuict / ne va point plus pres de douze ou de quatorze braffes/car au pied delle en ya vnze comme ay dict.

¶ Et fi tu poufe ne poufe point plus pres/ fi tu nes bien auant / car en terre delle ya beau fond a huict braffes/mais que foye fcauant/ɺ ny aut ta point de cours. Si tu veulx poufer en terre delle tu Voyrras vne pe tite poincte de rochier aual de lance fufdicte/qui eft aual de Bateflour.

H iiii

mectz icelle petite poincte de rochier parmy vne eglise que verras aual
delle/ ¶ pres delle/ ¶ pres de la mer/ ¶ que leglise soit parmy vne basse qui
est en my celle poincte en terre delle. Et va cestes esmes/ ¶ tu passeras en
terre de la pierre susd / mais sache quen amont dicelle pierre ya vn banc
de rochier/ sus lequel ne demeure guere deaue/ ¶ parce garde toy de luy/
il est le trauers de Bareflour. Lentree de Bareflour est amont de legli-
¶ garde toy du poinctaux de Bareflour/ car il gist hors ¶ est dangereux

¶ Et sache quau dehors de leglise ¶ aual laquelle est aual de lance
du sable dessusdict / ya vne autre poincte / laquelle va hors / ¶ au dehors delle ya deux basses bien hors 7 ¶ est celle poincte entaillee dessus
par haures / a qui est en terre en amont donne ryn a chascune poincte.

¶ Sensuyuent les merques
pour entrer en Bareflour.

[S]I tu atterres en noroest de la houcque / ou en loest le trauers
de Chenebourc a troys ou quatre lieues de terre se monstrera
estre toute plange ¶ esgalle ¶ se monstrera estre deux poin-
etes basse ¶ poinctues,   Et le trauers de toy verras la terre tranchee comme vne faulte ou comme vn haure toute roitte ¶ haulte ¶ iras
celle haulteur vers loest se sera Chenebourc.   Et quant seras pres
de terre/ tu verras vne isle au dehors de Chenebourc qui est forchye dessus ¶ bas/ ¶ aussi feras la ville. Et en lhault de lisle verras vne poincte
de terre noire qui est rochois ¶ pres de la qui sera Capploit.   Et quant
seras plus pres de terre il se fera vne poincte dougee a la mer / ¶ puys
verras en lhault de luy ¶ pres de luy vne eglise/ ¶ puys verras sus la
poincte qui est en lhault de Capploit qui est vne poincte basse/ vne eglise
de sainct Nicolas de Bareflour.   Et si es pres de terre
¶ plus en amont en noit de la houcque/ elle se monstrera estre vne poincte de terre haulte ¶ roitte deuers lest/ ¶ sus icelle poincte verras vne e-
glise en hault laquelle sera saincte Pernelle.   Et en mer delle verras
vne poincte basse ¶ longue a la mer/ qui sera la poincte sainct Nycolas
de Bareflour ¶ en lhault delle pourras voir vne autre eglise sans clo-
chier/ qui sera leglise sainct Val ¶ le long dicelle terre ya plusieurs vil-
lages. Et si veulx aller a la houcque de sainct Val, baille bon ryn a toutes les poinctes deuers sainct Val/ car elles vont hors ¶ elle te demourront destrebort en allant au paux.

¶ Si tu pouse a la houcque / mectz leglise de saincte Pernelle parmy
trois bosses de terre/ que verras en la bopee en amont de sainct Val que

lon appelle les houcques dessusdictes/ɫ tu seras en bon pauy.
Tu trouueras quatre brasses de basse mer / ɫ beau sable menu / ɫ bon
fond ɫ bonne tenue ɫ de plaine mer tu trouueras sept brasses. Tu auras
abris de nort de noroest de oest de syroest de su ɫ de suest / ɫ demourront
les isleaux sainct Marcol a lest suest/ɫ te viendra est nordest de la mer
ɫ si nauras poinct dabris mais nordest te viendra dessus la poincte ɫ en
auras abris. Et si veulx tu pourras aller dedans les houcqueras.
Et la auras abris de tous temps/mais tu demourras a sec. Tu puys
pouser par toute la boyee si tu veulx/car il ya bon pauy/ɫbaille cyn es
poinctes.

Pour pouser es isles sainct Marcol.

Si tu sonde amont des isles sainct Marcol en lest deux/tu trou
ueras seize brasses ɫ beau sable du plain de la mer/ɫ de grans
eaues. Et de basse mer trouueras douze brasses ɫ seras pres
de terre a vne lieue:ɫ saeße que de grans eaues que la mer ya tant plus
que son cyn/ɫ court de iusant a loest.

Si tu sonde le trauers de Banieres/tu trouueras seize brasses du
plain de la mer:ɫ trouueras rochois plat/ɫ ameneras en ta sonde com
me tuffeaux/ɫ sablon parmy/trouueras de basse mer douze brasses ɫ de
grans eaues:ɫ seras pres de terre.

Si tu sondes le trauers Destrahan a treze brasses de plaine mer ɫ de
grans eaues/tu trouueras rochois plat ɫ ameneras en ta sonde petites
pierres de tuffeau/ɫ sablon parmy:ɫ seras pres qua vne lieue de terre/
ɫ de basse mer ne trouueras que dix brasses. Et sache que de poincte a
poincte ya quinze brasses. De Destrahan en sainne/ya six lieues.

Les esmes pour pouser ɫ entrer en Destrahan.

Ache que tu voyras aual Destrahan plusieurs clochiets /cest
assauoir vn clochiet qui est plus en amont.

Et puys y est Longranget ɫ Banieres ɫ Port en Bessin/dont le
haure est aual du clochier.
Et est toute celle terre depuys Banniere/iusques a la prochaine poincte
que verras en aual delle en loest:ɫ est terre blanche.
Le trauers de Bannieres/ya vn banc hors de la poincte que lon appelle
les Essars qui est rochois ɫ asseiche de tous bas de mer/ɫ ny a point de
passee en terre de basse mer. Sache quentre Destrahan ɫ lentree de Sain
ne ya vne boyee deuant celle boyee/ya vn haure que lon appelle Touc/
que/ɫ est pres de lentree deuers le su.

Sensuyt de lentree de Saynne.

Ache qua lentrce de Saynne ya vn banc que lon appelle Ra-
tier/ſ gist est nordest ſ oest siroest:ſ dure pres dun quart de lieue de long. Et si couure de toutes marees:ſ si est parfons deuers
le su bort a bort de luy:ſ si est le bout deuers loest deuersla mer soubme
iusques bien hors : ſ asseiche ledict banc de basse mer/ tant quil semble
estre vne isle:ſ deuers le nort nordest ya plusieurs bancs de sable.
Si tu veulx entrer en Sainne deuers le su de celuy banc de Ratier sus-
dict/entre luy ſ terre deuers le su:pour toy garder diceluy bãc en entrãt
il ya vne poincte de terre amont en my la riuiere/ du coste deuers Hon
neflour/qui est deuers le su:ſ est la plus en amont de trois pointes que
tu voyrtas dicelluy coste deuers le su:ſ lon appelle icelle poincte rocque
de risle. Metz icelle poincte le plus en amont des troys parmy la premiere poincte ſ la prochainne de Honneflour ſ en aual de luy que tu
voirras la:qui sappelle la Pissouse qui est deuers loest de luy.
Et quant auras celle poincte de rocque de Risle ouuerte dicelle pui est
aual de Honneflour/ſ lors tu seras en meilleu de la chenal: ceste poincte est la plus grosse poincte des deux deuers la mer : ſ blanche.
Mais metz icelle du meilleu des trois/qui est la moindre desdites trois
poinctes ſ la plus douget ouuerte dicelle qui est aual de Honneflour
la largeur dun tref:ſ tu ne crains rien le banc deRatier/mais tu seras
bien pres de luy:ſ ne te serre plus a luy / ſ ouure plus la poincte ſ va
ainsi car le banc ne paroist poinct de plaine mer:mais tu pour estre en
meilleu de chenal/metz icelle qui est aual de Honneflour/ la plus en a-
mont des deux qui sont en amont de Honnefloue deuers le siroest / ouuerte lune de lautre/ſ la plus en amont a la mer.
Sache que tu nentrerovs pas en Saynne de basse mer si ce nestoit vn
bien petit nauire. Et pour scauoir quant seras du bout daual deuers
loest du banc de Ratier/tu auras vne brosse de bois rond/qui est sus la
poincte de chief de Caux/pmy vne vallee que verras sus ladicte poin-
cte/le bout deuant du boys parmy la vallee/ſ tu seras a lentree de Ra
tier deuers loest.Mais pour toy garder daller trop en terre deuers le su
ſ aussi dung banc qui la est / ne ferme point vne grant poincte de terre/
que verras amont en la riuiere deuers le nort/ſ est celle poincte la poin
cte de Tanquaruille/ne la ferme point parmy lautre poincte que verras a droict celle deuers le su / ou a tout le plus dicelle deuers loest de
Honneflour/que lon appelle la Pissouse/ſ mectz que ne les ferme poit

lune parmy lautre tu ne crains rien les dangiers qui sont deuers le su/
du banc de Ratier qui sont le trauers de Tocques et plus en auant en
amont.

¶ Si tu pose a Dassuic/qui est a lentree de Sainne/il fault que tu po=
se en loest de la poincte qui est aual de Honneflour le trauers de Ratier
et en terre de luy deuers le su. Et si pose a sept au a huict brasses de plai=
ne mer/de basse mer ny aura que quatre brasses / noroest te viendra de
dessus chief de Caux/q est de lautre bort de la riuiere/et ne auras point
dabris/et noroest et est suest et su et syroest/te viendront dessus la terre/et
en auras abris/et si nauras point dabris de syroest et doest noroest/et si
trouueras en caux sept brasses/auant de mortes eaues côme de grand=

     ¶ Sache que si atterres le trauers de lentree de Sainne que chief de
Caux se faict de poinctes.

Et sache que si la poincte deuers Honneflour/qui est deuers le su/elle se
monstre estre haulte et dougee deuers la mer.

Sache que si atterres le trauers de chief de Caux et tu soye en terre de
luy/chief de Caux se monstre estre gros et hault/et roitte deuers le sy=
roest/et se couppe en terre comme vne isle / mais tu verras vne aultre
poincte au dehors de luy/qui sera la poincte Santiffer/et sache que chief
de Caux est terre rouge. Si veulx entrer en Sainne /et aller pouser a
la Fousse de Leure/qui est du coste deuers Honneflour/qui est chief de
Caux.

Et pour entrer dedans/et te garder dung banc qui te demourra de ba=
bort en entrant deuers le noroest/ qui est deuers terre / et aller a part de
luy/tu verras au dessus Herflour et en lest de luy/vn chasteau en hault
sus terre ou vne abbaye. Et en amôt dudict chasteau ou abbaye verras
vne grosse poincte de terre et roitte deuers la chenal qui est blanche.

Et dessus celle poincte verras vne brosse de boys/laquelle est roitte de=
uers le chenal/et si en verras vne aultre poincte en amont dicelle / la=
quelle est plus dougee. Et parce mectz la brosse de boys dessusdicte/qui
est sus la poincte blanche/ le bout deuers mer parmy vne poincte basse
qui est aual de Herflour.

Et est la prochainne poincte qui est aual de la caque Despaigne la ou
les nauires pousent sus la vase/et lon y demeure a sec/ Et en amont de
la fousse de est Leure et vne poincte de perrops basse/qui est blanche/et
pour toy garder du banc dessusdict/qui te demourra deuers terre en en
trant de babort deuers le noxt.

Et pour toy garder de luy/ouure la poincte dicelluy boys deffusdict celle
deuers le su de sa poincte susdicte du perroys qui est basse : z tu seras en
chenal. Et pour scauoir quant seras le trauers de luy / cest assauoir du
banc susdict/tu auras vne abbaye qui est haulte sus terre contre vne
montaigne/ qui a nom Erauille / parmy vn clochier / z vne eglise laquelle est basse pres de la mer que lon appelle sainct Nicolas du perrois
Et est cclluy clochier pres de la poincte du perrois.   Et quant auras
ladicte abbaye de Erauille/parmy celluy clochier de sainct Nicolas/tu
seras le trauers du banc.   Et ne va plus en terre/mais va cestes
esmes dessusdictes le boys ouuert de sa poincte :   Et tu ne trouueras
point moins de six ou sept brasses de plaine mer/z de grans eaues.
Et te viendra nozt z noroest dessus la terre.   Si tu veulx pouser a la
fosse de Letie/pouse sauant du trauers de leglise sainct Nicolas.
Et si veulx aller dedans/ne conuoite pas trop le meilleu de la chenal.

Sensuyt de Plemue en Angleterre.

Si tu atterres le trauers de Plemue en Angleterre / z tu soye a
huict ou a dix lieues de terre en mer : la terre se monstrera comme Isles. Et entre les aultres en verras vn le plus amont qui sera le plus grand : z sera poinctu dessus si voyrras vne poincte de terre
qui sera roitte du bout damont/z a icelluy bout se monstrera comme vn
petit farraillon. Et nonobstant il sera des montaignes de la terre:mais
seras le trauers de Plemue en amont. Et si verras a lentree de la boye
de Plemue deux grosses poinctes z roittes:z sur icelles deuers bas/ver-
ras deux eglises / z en mer dicelle damont verras vne isle poinctue
dessus/qui est hors la poincte/qui se demourra deuers lest/en entrant de
dans la boye/ il ya vne basse quite demourra deuers lest qui est dedans
la plus hotaine poincte:z parce ne range point trop celle poincte:z va sus
terre iusques a la prochaine poincte que voyrras / qui te demourra de-
strebort/qui est le trauers dun petit chasteau.Et donne ryn a celle poincte: z quant lauras double va sus le suest ou su suest pour pouser/ si ne
veulx entrer dedans la chaussee/z estre deuant la ville: mais il te fauldra maree pour entrer z aller dedans ladicte chaussee z dauant la ville:
car cest vase z demeure a sec/mais tu puis pouser derriere la poincte/z
y auras abris de suest de su de siroest z de oest:z si ya beau fond amont
de Plemue ya deux ou trois clochiers.

❧ Sensuyt encores de Gaudester.

❧ Si tu es auaf de Gaudester/il se monstre estre vn Cap tout roitte comme ay dict deuant. De Gaudester va au nort noroest / tu iras querir lentree Dartemue / qui est haure de toutes marees: ῳ auras abris, de tous temps sus deux ancres a qui est dedans deuant la ville / il ya vne basse a lentree qui te demourra de babort en entrant / ῳ est le plus deuers loest. Et parce ne range point deuers loest si tu ne voy icelle basse: aussi il y en a dautres. Mais elles ne paroissent point sinon de grans eaues. Et quant tu auras double la prochaine tour deuers loest/il fauldra que tu aille au noroest il est assis parfond: mais il y a ruoc par le dedãs de la tour ῳ grant courant.

Tu voirras dehors Dartemue pres de lentree deuers lest/vne isle ῳ vn farraillon qui sera pres de terre: ῳ ya vne basse au dehors de lisle. Et voirras en amont de lisle trois poinctes / ῳ a chascune poincte ya vng farraillon. Et la plus roitte cest Tourres/ou il ya bon radde / comme auons dict dessus.

❧ Sensuyt le departissement de la Lune ῳ du Soleil/
par quars ῳ heures de ryn de vent

Qi veuft bien compter la Lune par les heures /lon doit prendre par chascun quart de la Lune vingt ῳ deux heures ῳ demye.

Item pour deux quars   plv. heures.
Item pour trops quars   lp vii. heures ῳ demye.
Item pour quatre quars   iiii. pp. p. heures.

❧ Sensuyt du ryn de vent.

Sache quun ryn de vent le soleil o su/la Lune est o suest.

Item pour cinq quars il ya   cent douze heures ῳ demye.
Item pour six quars   cent pppv. heures.
Item pour sept quars   cent lvii. heures ῳ demye.
Item pour huyct quars   cent iiii. pp. heures.

❧ Sensuyt des deux ryns de vent.

❧ Note que de deux ryns de vent/soleil a oest la lune o su.

Item pour neuf quars   deux cent deux heures.
Item pour dix quars   deux cent ppv. heures.
Item pour vnze quars   deux cens plvii. heures ῳ demye.
Item pour douze quars   deux cens pp: heure s.

Sensuyt de trois ryns de vent.

Tu dois scauoir ῷ de trois ryns de vent/soleil ou su/la lune est o noroest
Item pour treze quars   deux cens iiii. pp. vii. heures ῳ demye.

Item pour quatorze quars   iii.cens quinze heures ⁊ demye.
Item pour qninze quars   iii.cens ⁰⁰⁰vii.heures ⁊ demye.
Item pour seize quars iii cẽs lv.heures. ⟪ Sensuyt de iiii. ryns de Vẽt.

Eille scauoit que de quatre ryns de Vent / Soleil au su / la Lune
est au nort. Et ainsi des aultres ryns:⁊ si tu aduise ⁊ note bien
ainsi tu trouueras Vne Lune sept cens Vingt heure / cõme te ay dict deuãt.
⟪ Sensuyt pour compter la Lune par les iours.

Si tu Veulx compter bien la Lune par les iours / tu dois prendre
par chascun quart de la Lune / trois quars ⁊ demy quart de iour /
Vne heure ⁊ demye.
Item pour ii. quars / il ya Vng iour ⁊ trois quars / ⁊ demy quart de iour.
Item a trois quars / ya deux iours trois quars Vne heure ⁊ demye.
Item a quatre quars / il ya trois iours ⁊ trois quars de iour.
⟪ Sensuyt dun ryn de Vent.
⟪ Item pour cinq quars / il ya quatre iours ⁊ demy / quatre heu. ⁊ demye
Item pour six quars / il ya cinq iours ⁊ demy quart.
Item pour sept quars / il ya six iours ⁊ demy / Vne heure ⁊ demye.
Item pour huyct quars / il ya sept iours ⁊ demy.
⟪ De deux ryns de Vent.
Item pour neuf quars / ⁊ demy quart Vne heure ⁊ demye.
Item pour dix quars / neuf iours ⁊ neuf heures ⁊ demie.
Item pour Vnze quars / dix iours sept heures ⁊ demye.
Item pour douze quars / Vnze iours ⁊ quart de iour.
⟪ De trois ryns de Vent.
Item pour treze quars / douze iours quatre heures ⁊ demye.
Item pour quatorze quars il ya treze iours demy quart.
Item pour quinze quars / il ya quatorze iours heure ⁊ demye.
Item pour seize quars / il ya pV.iours ⁊ non plus
Et ainsi ne trouueras que trente iours en chascune Lune.
⟪ Sache qua dixhuict iours / ⁊ a dixhuict heures de Lune / le Soleil o
su / la Lune sera o noroest. Et si lon te demande / quelle maree sera
a Glenans / Respondz quil sera basse mer. Et si lon te demande quant
Vent il y aura entre la Lune ⁊ le Soleil. Respondz trois Vens.
⟪ Souffit pour le present de toy monstrer ⁊ enseigner comment tu doys
aller ⁊ seigler par les coste natiõs ⁊ regions dessusdictes esquelles sont plu
sieurs ⁊ perilleux dangiers / lesquelz tu pourras euiter ⁊ fouyr. Non pas
toy seullement / mais tous aultres gentilz cõpaignds / courtoys ⁊ abilles
qui auront ⁊ Voyrrõt ce present liure / par lequel pourront acquerir bien
⁊ honneur / ⁊ le sauluement de leurs corps ⁊ marchandises. Pourquoy

nul ne doit rien espargner pour acquerir la côseruation des corps & biés
estans es nauires/fluctuans & nageans sus les ôndes de la mer qui sont
aucuneffoys bien merueilleuses/par la grande impetuosite des vens si-
stans & bouttant/les ôndes marines/qua peine nul ny peust eschapper
quil ne perisse, ou aille a la coste/sil nest bien certain des pays & costes deuant dictes/& mesmemêt de la tresdangeureuse/coste de la noble duche de
Bretaigne/en laqlle sont plusieurs coustumes & noblesses. Lesqlles ie te
ueulx demôstrer & declarer/affinq ne soye deceu ne surpris si le cas auiêt.
¶ Ensuyt les coustumes/& aultres noblesses de la duche de Bretaigne.

Premierement toute Nef/& aultres Vaisseaulx quant ilz perissent
& aduenturent en toute la coste de Bretaigne/tout est conquis et
confisque au noble Duc & comte/& aultres seigneurs de Bretaigne sans que nul homme/ marchans maistre compaignon/ ny aultre y
preigne rien sinon ceulx qui les sauluent/qui doiuent auoir leurs salai-
res selon quilz ont deseruy. Cest assauoir sil sont a laduenture de la mer
loing querir & sauluer les biens il ont le tiers. Et sil ne perdent terre ilz
nauront que salaire competat au regard de iustice. Et par ce que le pays
de Bretaigne est de si grant danger qua peine par deux ans peust nauire
mareer sans venir en dangier de la seigneurie dudict Duc & Comte de
Bretaigne dôt il fut accorde & appoincte entre led Côte & toutes manieres
de nauires/p le consentemêt du treschrestiê Roy de Frãce/ a laptiere re-
qste & supplicatiô de tous les pais/q led Côte mist seaulx lesqlz lô appelle
briefz lesqlz qlz voulsist en son terrouer & estoiêt tenuz toutes les nef & nauires qchargeoiêt a lad Duche d'Bretaigne insqs au royaume d'Espaigne
de prendre led brief sur peine de lad nef ou nauire perdre/auecqs tous ses
biens. Fut accorde poxce lesd nômez/a qlque nef ou nauire q se aduentu-
rast a sôd terrouer/trouuãt les briefz en tesmoignage du papier des lieux
ou les briefz seroiêt / ne doict lad seigneurie rien prêdre ne souffrir que lô
pigne rien de lad nef ou nauire/des biés q soiêt dedãs ne de lez marchãdi-
se/sauue le droict des sauluexs/leql est accorde affin qlz trauaillêt a sauluer les biés. Et pour ces côuenãces des briefz/sôt asseurees toutes manieres de nauires/&de marchãdise du droict & noblesse dud prince. Et doiuêt
môstrer a ladmiral ou a son lieuteñ les briefz de tous les voyages quilz
auroiêt faict en vne annee/touteffois q les vouldroit reqrir ou autrement
il peult tenir aptis faict. Et pource que le roy Despaine ne ses portz/ ne
furêt mpe soubz ceste accordance a mareer soubz la premiere côdition ne
aussi les Anglxys ou cas qlz viendroient chargez ou vuydes de leurs
pays. Mais silz chargeoiêt la ou sont les briefz ilz sôt tenuz den prêdre.
Car silz sont sans lesd briefz ilz sont a la volûte du prince corps & biens.

⸿ Sensuyt lordonnance pourquoy le Uicomte de Lion
est accoustume es seaulx.

D Doybz scauoir que le Uicomte de Lion fut accoustume es
seaulx / lesquelz sont appellez seaulx de conduit / non mys briefz
la raison fut / pource que ledict Uicomte estoit du trespas de la ou
il conuenoit a toutes nefz ꝗ nauires assembler chargees ꝗ uuydes affin
que les ungs ne meffissent es aultres / pource quilz estoient destranges
contrees / fut appoincte ꝗ accorde quil deuoit tenir uaisseaulx pour les
garder ꝗ conduyre endroit sa terre ꝗ ledict trespas: ꝗ pour souffrir que tou
tes manieres de gens puissent prendre uitailles a son terrouer / fut pource
accorde quil eust certaine somme pour les seaulx. Et on cas quaulcune
nef passeroit oultre sans prendre uitailles a sondict terrouer sans auoir
les seaulx / elle auroit forfaict en corps en biens.

Et pourroit ledict Uicomte les suyure / quelque part quelle iront / ꝗ les a
mener auecques luy come chose forfaictes a iustice a son terrouer dessusd
Et sont tenuz a monstrer tous les seaulx des uoyages quil auront faict
pour annees. Et par ainsi est tenu ledict Uicomte de tenir lesdictz uaiss
seaulx ꝗ faire son pouuoir de leur porter paix ou de trespas a en sondict
terrouer. Et ce son droit depuys que homme a memoyre dempuys que
les seigneurs de Bretaigne ont conquis ladicte Uicomte ꝗ sont les deux
noblesses au prince. Et depuys que ladicte noblesse fut toute au prince / a
uoulu que les Espaignolz ꝗ aultres / quilz puissent prendre port en sa ter
re / sans auentures chargees ou a charger de estrange pays / que la ou les
brief seront sauf a eulx demander les brief dedans la tierce maree / apres
auoir gette au port leur ancre en terre ꝗ saisir ou effect / les aller querir
quelque part quilz seront on cas quilz ne passeroient par le cas sainct
Mahe mais on cas quilz passeroient / ilz ne seront mye salues par telle
uolunte ꝗ maniere.

⸿ Sensuyt la maniere comment les maistres des nauires / ꝗ mar
chans / aultres mariniers compaignons se doiuent regir ꝗ gou
uerne par le iugement de la mer ꝗ roolle Doleron.

⸿ premierement / Quant son faict ungs homme maistre dune
nef ou aultre nauire / ꝗ ladicte nef ou nauire appartient a plusie
urs compaignons: ꝗ ladicte nef sen ua / ꝗ departist du pays dont
elle est / ꝗ uient a Bourdeaulx ou a Rouen / ou en aultre pays / ꝗ se frette a
aller en Escosse ou en aultre pays estrange. Le maistre ne peult mye uen
dre la nef sil na procuration ou mendement especial des seigneurs de lad
nef. Mais sil a mestier dargent pour les despens de la nef / il peult mett

tre aucuns des appareil en gaige/par le cõseil des mariniers de la nef.

Cest le iugement en tel cas.

Item Une nef est en un haure / ⁊ demoure pour attendre son fret ⁊ son temps:⁊ quant il uiẽt a son departir /le maistre doit prẽdre cõseil auec ses cõpaignons ⁊ leur dire/ Seigneurs uous haiste ce temps ? aucuns y aura qui diront/ Le tẽps nest mye bon:car il est nouuellement uenu ⁊ le doiuons laisser asseoir:⁊ les aultres diront le tẽps est bel ⁊ bon.

Lors le maistre est tenu a soy accorder auecques la plusgrande partie ⁊ oppinion de ses cõpaignons. Et sil faisoit autrement/⁊ la nef se pert doit/il est tenu de rendre ladicte nef/ou la somme quelle seroit prisee sil a dequoy.   Cest le iugement.

Item si une nauire ou nef se pert par fortune en aucũes terres en quelz que lieu que ce soit/les mariniers sont tenuz de sauluer le plus q̃lz pout ront sauluer des biens de lad nef/⁊ des denrees. Et silz aydẽt a les sauluet le maistre est tenu de leur bailler leurs coustz raisonnablemẽt a ue nir en leur terre. Et sil ont tant sauluer parquoy le maistre se puisse fai re/lors led maistre peut bien engager des choses qui seront sauluees/ a aucun preudhomme pour les auoir. Et ilz naydent a sauluer lesd cho ses lors/led maistre nest en rien tenu a les pourueoir / aincoys ilz pert dent leurs loyers quãt la nef est perdue. Et ne peust led maistre uẽdre les appareilz de la nef/sil na cõmandemẽt ou procuration des seignẽre Aincoys il les doit mettre en sauluegarde iusques a tant quilz sache la uolunte des seigneurs ⁊ le doit faire le plus loyaulment quil pourra. Et sil faisoit aultrement il est tenu a ladmender sil a dequoy.

Cest le iugement.

Item si une nef se depart de la Rochelle ou daultre lieu/ chargee il ad uiẽt aucunesfoys que la nef sempire/lon saulue le plus quon peult des denrees/le marchans ⁊ les maistres sont en grant debat. Et demandẽt les marchans a auoir du maistre leurs denrees/il les doibuent bien a uoir payant le fret/de tant que la nef aura faict tel uoyage / ueue par ueue/cours par cours:sil plaist au maistre.   Et si le maistre ueult il peult adouber sa nef/sil est cas q̃lle peult estre prestement adoubee/⁊ sis non ny peult louer une aultre nef pour acheuer son uoyage: ⁊ aura le men son fret de tant cõme il aura des denrees sauluees. Et doit le fret desd denrees q̃ sont saulues estre compte tout liure a liure ⁊ les denrees a paier selon laduenement des costz qui auroiẽt este mys esdictes den rees sauluer. Et si ainsi estoit que le maistre ⁊ les marchãs ꝑmissent les gens qui leurs ayderoient a sauluer la nef ⁊ lesd denrees la tierce part

J

tie/ou la moitie desdictes denrees qui pourroient estre
saulues/pour le peril ou ilz sont: la iustice du pays
doit bien regarder quelle peine/& quel labeur ilz aurôt
mys a les sauluer/& selon icelle peine/nonobstant celle
promesse que lesdictz maistres & marchans leurs au/
roient faictes/les guerdon ner.   Cest le iugement.

¶ Item une nef se despart daucune côtree chargee ou
vuyde & est arriuee en aucune part: les mariniers ne
doiuent mye yssir hors sans le congie du maistre/car
si la nef se perdoit ou empiroit par aucune aduenture
& fortune/ilz sont tenuz a amêder mais si la nef estoit
en lieu ou elle seroit ancree & amarree/de deux ou de
trois amarres/ilz peuuent bien yssir sans le congie du
maistre:en laissant lune partie des côpaignons mari/
niers pour garder le bort & les denrees/& eulx en rue
nir par têps a leur nef & bort. Et sil estoient en demeu
ilz le doiuêt amêder silz ont dequoy.   Cest le iugemt.

¶ Item mariniers se louent auecques leurs maistres
& y en a deux qui sen yssent sans congie de leur maistre
& sen yurent:& font contemps debatz & meslees/desqlz
y en a aucuns qui sont naurez. Le maistre nest mye te
nu a les faire guerir/ne a les pouruoir en riens: ains
se peult bien mettre hors la nef/eulx & leurs escoues
& se ilz coustent ilz sont tenuz de paier le plus au mais
stre.   Mais si le maistre les enuoye en aucun seruice
pour le proffit de la nef/& ilz se blessoyent/ou lon leur
feist chose greuante: ilz doiuent estre gueriz & pensez
sur le coust de ladicte nef.   Cest le iugement.

Item quant il aduient q aucune maladie prent vn des
mariniers de la nef/en faisant le seruice de ladicte nef
le maistre le doit mettre hors de lad nef:& si luy doit q
rir hostel/& luy doit querir lumiere/côe gresse ou chã/
delle:& luy doit bailler vn varlet de lad nef a le gar/
der:ou luy louer une femme qui preigne garde delluy
& si luy doit pouruoir de telle viande côme lon use en
la nef. Cestassauoir autant côme il prenoit quant il es
stoit en sante/ne rien plus sil ne plaist au maistre. Et
sil veult auoir viãdes plus delicieuses/le maistre nest

Hoc probatur
ff. de vari:& ex/
traor.cogni.l.i.
Para. Honera/
riis.& .iii.q. vii.
Para. Apud ve
sem.vi.q.iii.
Non licet.

mye tenu le querir/ sil nest a ses despens. Et si sa nef estoit preste a sen par
tir/ elle ne doit demourer pour luy. Sil guerist / il doit auoir son loyer
tout cõtant/ en rabatant le fret/ si le maistre luy a faict : a sil meurt sa
femme ou ses pchains amys le doiuent auoir pour luy. Cest le iugemt.

¶ Item Vne nef est chargee a aller a Caen/ ou en autre lieu/ a aduient
que tourmente la prèt en la mer/ a quelle ne peult eschapper sans getter
les dèrees a marchãdie pour aller lad nef / a pour saufuer le demourãt
a les corps de la nef. Lors le maistre doit dire Seignrs il cõuient getter hors Vne partie de ciste marchãdise pour saufuer la nef. Et sil nya
nulz marcchane q respondent leurs Volunte a greent ou ont aggreable
le gict p leur taisement lors le maistre doit faire ce q sera en luy a faire
gict. Et sil nont aggreable led gict a contredisans non pourtant le mai
stre ne doit mye laisser ql ne getteroit/ tant quil Verroit q Bien seroit/ iu-
rant luy a le tiers de ses cõpaignons sur les sainctes euangilles/ quant
ilz Venoit a sa droicte Voye descharger ql le faisoit pour sauuer le corps
de la nef/ a les autres denrees q encores y sont / a les Vins qui seroient
gettez/ doiuent estre prisez aup fruictz de ceulp qui seroient Venuz a sau
uete. Et quant ilz serõt Venduz/ si les doit lon departir liure a liure entre les marchãs. Et le maistre y doit ptir a cõpter le nef ou le fret a son
choix. Et pour recouurer le dõmage a les mariniers doiuent auoir Vn
tonneau frãc/ a lautre doit ptir au get/ selon ql y aura sil se defend cõme Bon hõme en la mer. Et sil ne defend il naura rien de frãchise/ a peu
uèt bt̃ les marchãs chacger le maistre par son sermèt. Cest le iugemt.

Item sil aduient q le maistre couppe son mast pour force de gros tẽps/
il doit appeller les marchãs q ont les denrees en la nef/ si aucũs en ya
a leur dire/ Seigneurs il cõuièt coper ce mast pour saufuer la nef a les
denrees/ car cest chose conuenable par loyaulte. Et plusieurs fois ad-
uient/ q lon couppe cables funains. Et laisse son cables a ancres pour
saufuer la nef/ a les denrees. Toutes ses choses sont cõptees liure a liure cõme gert a quant dieu donne q la nef est Venue a sa droicte deschar
ge a sauluete: les marchãs doiuent paier leurs aduenans sans dela p-
au Vẽdre gaigner argent/ tout auant q les denres soient mises dehors
de la nef. Et si la est a louage/ a le maistre y demourast p raison de leur
debat a Voit coustaison le maistre ny doit mye partir/ ais doit auoir son
fret ainsi comme tonneaux fussent plains.   Cest le iugement.

¶ Item Vn maistre dune nef Vient a sauuete a sa droicte descharge il
doit monstrer aup marchãs les cordages onquelz il guindera / a silz
Voyent que il ayt que amender le maistre le doit amender.   Car si le

tonnel se perdoit par default de guindage ou de cordage/le maistre est
tenu a le paier aup marchans entre luy ⁊ ses mariniers/⁊ si doit le mai
stre paier selon ql doit prendre de guindage: ⁊ doit guindage estre mys
a recouurer le dommage premierement:⁊ le remanent doit estre party
entre eulp mais si les cordages rompent sans que le maistre les mons
strast aup marchans/ilz sont tenuz a rendre le dommage. Mais si les
marchans disent le cordage est bel ⁊ bon/⁊ les cordages rompēt:chas
scun doit partir au dommage. Cest assauoir le marchant a qui le vin
sera tant seullement/⁊ le maistre ⁊ ses mariniers.   Cest le iugement.

¶ Item Vne nef est chargee a Brest ou a aultre lieu / ⁊ lieue sa voille
pour mener ses vins: ⁊ ne offre mye le maistre ⁊ ses mariniers leurs
voille come ilz deussent:⁊ les prent mauuais tēps en la mer/en telle ma
niere que la futaille crol ⁊ deffonce pipe ou tonnel/la nef arriue a saulz
uete a sa droite descharge. Le marchāt dict au maistre que p futaille est
perdu leur vin. Le maistre dict que non. Lors si led maistre veult iurer
luy ⁊ ses mariniers/soient quatre ou sip/ou de ceulp que les marchās
vouldroient que les vins ne perdissent par eulp ne leur futaille ne par
leur deffault/comme les marchās leurs mettent sus / Ilz doiuent estre
quictes ⁊ deliures/mais si ainsi est q ne veullent iurer ilz sont tenuz a
officier leur voille bien ⁊ iustement auant que partir de leurs charge.
Cest le iugement.

¶ Item Vn maistre toue ses mariniers/il les doit bien tenir en paip/⁊
offre estre le iuge.   Et sil ya aucun qui desmente lautre/pourquoy ilz
ayent vin ⁊ pain a table/celluy qui desmentira doit paier quatre deniers
Et si le maistre dement aucun il doit payer huict deniers. Et si aucun
des compaignons desment ledict maistre il payera huit deniers. Et si
ainsi est que le maistre frappe aucun de ses compaignons/ ledict cōpaiz
gnon ⁊ marinier doit attendre le premier coup/ comme du poing ou de
paulme/mais si le maistre le fiert plus dun coup/ledict compaignon se
peult deffendre ⁊ si le compaignon ⁊ marinier fiert premier le maistre/
il doit payer cinq solz ou perdre le poing.   Cest le iugement.

¶ Item sil conuient ql y ait content ⁊ debat entre le maistre dune nef ⁊ ses
mariniers/le maistre doit oster la toaille trois fois deuāt son marinier
auant que le mettre hors. Et si ledict marinier se offre a faire lamēde
au regard des mariniers qui sont a table / se le maistre est tel quil ney
vueille rien faire/⁊ le met hors/le marinier sen peult aller suuare sa nef
iusques a sa droicte descharge/⁊ doit auoir aussi bon loper cōe sil estoit
venu dedans en amandant le meffaict au regard des compaignons

Et si ainsi est que le maistre ne preigne aussi bon compaignon comme
celuy en ladicte nef. Et elle sempire par aucune aduenture & fortune / le
maistre est tenu a rendre la nef & la marchandise sil a dequoy.

Cest le iugement

¶ Item vne nef est en vn cours liee & amarree/& vne autre nef vient de
hors de la mer & ne se gouuerne mye bien & se fiert a la nef qui est en sa
voye si que la nef est endommagee du coup que lautre luy a donne.
Et ya/des vins deffoncees & essondrez dune part & dautre / par la raison de ce coup/le dommage doit estre party & prise moictie par moictie
des deux nefz & les vins q sont dedãs/& party aussi le dõmage entre les
marchans. Et le maistre de la nef q a feru & frappe lautre/est tenu a iurer sur les sainctes euangilles/luy & ses marchans/quil ne firent mye
de leur gre & volunte/& est raison parquoy ce iugement fut faict premie
rement que vne vieille nef ne se mette mye voluntiers en la voye dune
meilleure / si auant quelle endommage chose pour greuer la nef / mais
quãt elle scait bien quelle doit partir iusques a la moictie/elle se tire vo
luntiers hors de la voye.   Cest le iugement.

¶ Item deux nefz ou plusieurs sont en vn haure / & ya peu eaue / & si
asseiche lancre dune desdictes nefz. Lors le maistre de lautre nef doit dire a lautre maistre/Maistre leuez vostre ancre/car elle est trop pres de
nous/& nous pourroit faire dommage. Et ledict maistre ne veult mye
leuer ny ses compaignons / a lors lautre maistre & ses mariniers / qui
pourroient partir du dammage/peuuẽt leuer ladicte ancre/& essoigner
deulx. Et si les aultres deffendent a leuer lancre/& lancre leur faict dõ
mage/ilz sont tenuz amender tout au long & ainsi estoit quilz neussent
mye vne crin ou bouee/& lancre faict dõmage ilz sont tenuz a rendre
le dommage tout aulong/& si ainsi estoit quilz soient en vn haure asseis
che / ilz sont tenuz de mettre orpns & haloignes a leurs ancres / qui
apparoistront au plain de la mer.

Et telest le iugement.

¶ Item vne nef est arriuee o sa charge en Angleterre / ou ailleurs le
maistre est tenu de dire a ses compaignons / Seigneurs frettes o noz
amarrages/ou bien vous louerays ou fret de la nef: ilz sont tenuz a
respondre lequel ilz veulent faire. Et silz prenent au fret de la nef/ ilz
auront autant comme la nef aura. Et sil veulent fretter par eulx/ilz
doiuent freter en telle maniere que la nef ne soit mye demourante.
Et sil aduiẽt q̃lz ne trouuẽt fret / le maistre nya nul blame & leur doit
mõstrer leur rymage/& peult mettre le pesant de leur rymage chascun.

J iii

Et sil veulent mettre tonnel deaue/ilz peuuent bien mettre pour tonnel de vin. Et si coullaison se faisoit en la mer leur tonnel deaue doibt estre pour tonnel de vin/ou pour autres denrees liure a liure/ pourquoy les mariniers se puissent deffendre en la mer. Et si ainsi est quilz fretegent es marchans/telle franchise comme le marinier aura/doit auoir le marchant.

Cest le iugement.

❡ Item les mariniers de Bretaigne/ne doibuent auoir que vne cupsine se iour / par raison quilz ont breuages allans & venans & ceulx de Normandie doibuent auoir deux mestz de cupsine le iour pour ce quilz nont que de leaue a aller au despens de la nef. Et puys que la nef est a la terre au vin/les mariniers lors doibuent auoir breuaige / & ce doit leur maistre leur querre.

Cest le iugement.

❡ Item vne nef a descharge/les mariniers veulent auoir leurs fretz aucuns ya qui nont mye lict/ne arche en la nef: lors le maistre peult des tenir de leurs loyers/pour rendre la nef au lieu ou ilz la prindrent: silz ne donnent bonne caution de fournir tout le voiage.

Cest le iugement.

❡ Item le maistre dune nef loue ses mariniers en la ville dont la nef est:& les vngs a mareages/les aultres a deniers:il aduient que la nef ne peult trouuer fret a venir a ses parties:& leurs conuient aller plus loing lors ceulx qui sont a mareages se doyuent supure mais ceulx qui sont a deniers/le maistre leur doit croistre leurs loyers veue p veue/& cours par cours/par raison quilz les aura loues pour aller en certain lieu. Et silz vont plus pres que le lieu ou la bonnement fut prins / ilz doibuent auoir tous leurs loyers/mais ilz doibuent rendre la nef la ou il la prindrent/& la mettre a lauenture de dieu.

Cest le iugement.

Item Il aduient quune nef vient a la noble cite de Rouen ou en aultre lieu de telle cupsine comme il y aura en la nef / deux des mariniers en peuuent porter vn mest a la mer/de telz mestz comme ilz sont tranchez en la nef. Et tel pain comme il aura/selon de quilz pourront menger a vne fois: & du breuage riens. Et doibuent bien tost & appertement retourner/pourquoy le maistre ne perde terre de la nef. Car si le maistre se perdoit & ilz eussent dommage ilz sont tenuz lamender / ou si vn des compaignons se blesse par besoin daide/ilz sont tenuz a se faire guerir/ & lamender au dire dun des compaignons ou de son matelot / & au dict de son maistre/& de ceulx de la table.

Cest le iugement.

Item Vn maistre frette sa nef a Vn marchant/ ? deuise Vn certain terme loyaulment/ dedans quant le marchant doit charger la nef a estre preste a sen aller: le marchant ne le faict ains tient le maistre ? ses mariniers par lespace de huict iours/ ou de quinze/ ou de plus/ aucunesfois il pert sa maison ? son temps/ par le deffault du marchant: le marchant est tenu a amender au maistre. Et telle amende comme le maistre aura faict les mariniers en doiuent auoir le quart. Et le maistre les trois quars: par raison qui leur treuue leurs despens.

Cest le iugement.

Item Vn marchant frette Vne nef a la charge/ ? la mect au chemin/ ? entre celle nef en Vn port/ ? demeurent tant que denier leur fault: lors le maistre doit enuoyer bien tost en son pays pour querir de largent: mais il ne doibt mye perdre son armogan/ sil le faict il est tenu rendre aux marchans tout le dommage quil en court: mais le maistre peult bien prendre du Vin ? des denrees ausdictz marchans. Et en Vendre pour querir son retournement. Et quant ladicte nef sera Venue en sa droicte descharge/ les Vins que le maistre aura prins doiuent estre asseures ? mys au seur/ que les aultres seroient Venduz communement ne a plus ne moins Et doibt le maistre auoir son fret des Vins quil aura prins.

Cest le iugement.

Item Vn Locman prent Vne nef a mener a sainct Malo/ ou en aultre lieu sil fault ? ladicte nef sempire pour faulte quil ne la sache conduyre/ les marchans ayant dommage/ il est tenu de rendre les dommages sil a dequoy/ Et sil na dequoy/ il doit auoir la teste couppee. Et si le maistre ou aucuns des mariniers/ ou aucuns des marchans luy couppent la teste/ il ne sont pas tenuz a paier lamendement: mais toutesfois lon doit scauoir auant ce faire/ sil a dequoy amender.

Cest le iugement.

Item Vne nef guynde a sa descharge/ ? se mect a seiche o u elle est si ioyye que les mariniers prennent a seur Voille/ ? la sortir deuant ? derriere: lors le maistre leur doit croistre leur loyer Veue par Veue.

Et si en guindant les Vins il aduient quilz laissent Vne broche ouuerte on tonnel que lon guinde/ ? ne sont mye amarree aux cordes au bout de la nef/ ? le tonnel defraude chet ? se pert/ ? en cheant il tumbe sur Vn autre tonnel/ ? sont tous deux perduz: lors le maistre ? les mariniers les doiuent rendre aux marchans. Et les marchans doiuent paier le fret de deux tonneaux/ par raison que on leur doit paier au fru des aultres qui sont Venduz.   Le maistre ? les mariniers doiuent mettre

J iiii

leur guyndege premierement a recouurer leur domma
ge liure a liure. Les seigneurs de la nef ne doiuent rien
perdre:car cest par la faulte du maistre & des marini=
ers de mareer le tonnel.

Cest le iugement.

¶ Item deux nauires Vaisseaulx ou pinasses/sont com
pagnons pour aller pecher es rectz/comme es macque=
reaulx/es harens/es raiz. Ou bien mettre les cordes/
comme es parties Dolonne/de sainct Gilles sur Vie/&
ailleurs: & doit lun desdictz Vaisseaulx mettre autant
dangins lun comme lautre/& ainsi seront moictie par
moictie en la gaigne par conuenance faicte entre eulx.
Et si le cas aduient que dieu face sa Volunte dun desditz
Vaisseaulx/des gens/& des angins/& des aultres cho=
ses:sung seschappe & Vient a sauluete. Il est ainsi que les
amys de celuy qui est mort leur demande auoir partie
en la gaigne quilz ont faicte/tant es engins/es harens/
macquereaulx/ou aultres poissons & Vaissel:ilz auront
leur partie en la gaigne des engins/& des poissons par
les sermens de ceulx qui serot eschappez mais on Vais=
sel nauront nulle chose.

Cest le iugement.

Item Vne nauire fluctuans & seiglans par la mer/tant
en faict de marchandie que pescherie: si par fortune ou
impetuosite de temps elle se rompt brise & perist en quel
que region & rottee ou coste que ce soit:& le maistre & ses
mariniers ou lun deulx eschappe & se sauue/ou les mar
chans ou marchat le seigneur du lieu ne doit empescher
la saluation du bris & marchadie de ladicte nauire/par
ceulx qui seront eschappes/& par ceulx a qui appartien=
dra la nauire ou marchandie/mais doit ledict seigneur
secourir & ayder par luy ou ses subiectz lesdictz poures
mariniers/& marchans/a sauluer leurs biés/sans rien
prendre:sauf toutesfoys a remunerer les saulueurs/se=
lon dieu raison & conscience & leur estat/& selon que iu
stice ordonera combien que aucune promesse auroit este
faicte esdictz saulueurs comme dessus ay dict.

¶ Et qui fera le contraire & prendra aucuns des biens

Hoc pbatu. C.
de nau. l. i. si. pi
c. epc3icationi.
ex tra de rapto
ri. c. charitas d
pent. di. ii. c. hu
manu genus. i.
dist. &. c. po. & l.
distinctio.
Alias comitte
ret furtum. ff.
de fur. l. falsus
Para Vlt. Vt
notatur extra
de accu. capi.
Cum dilectio.
in glo. episco=
pus. Probatio
ni. in c. epcomu
nica extra de
rap. & tenentur
infra annu in
quadruplu. C.
de furti. l. in eu.
& . ff. de ince rui
& nou. l. ff. de ac
quiren. do. qua
ratione. Para.
Vlt. ff. de furt.
falsus. Para.
qui alie.

de la Mer.

desdictz paaures nauffragans perduz ᘔ destruictz/oultre leur gre ᘔ Volunte:il est epcõmunie de leglise ᘔ doit estre pugny comme vn larron sil ne faict restitution en brief.Et nya coustume ny statuz quelconques/qui puisse engarder de encourir lesdictes peines .

Cest le iugement.

Item vne nauire en entrant en aucun haure ou autrement / par fortune elle se rompt ᘔ perist / ᘔ meurent les maistres mariniers ᘔ marchans les biens vont a couste ou demourent en mer / sans auoir aucue poursuyte de ceulx a qui appartient les biens car ilz ney scauent rien. Et tel cas qui est trespiteux/le seigneur doit mettre gẽs pour sauluer lesdictz biens. Et iceulx biens doit ledict seigneur garder ou mettre en seurete. Et puis doit faire assauoir es parens des deffunts submergés/ladueuture ᘔ paier lesdictz saulueurs selon le trauail ᘔ peine quilz auront prinse/non mye a ses despãs/mais desdictes choses saulueez ᘔ le remgnant ᘔ demeurant doit ledict seigneur garder ou faire garder entieremẽt/ iusques a vn an si plus tost ne viennẽt ceulx a qui appartiendrõt lesdictes choses. Et le bout de lan passe ou plus sil plaist audict seigneur attendre il doit vendre publicquement/ ᘔ au plus offrant lesdictes choses/ᘔ de largẽt receu doit faire prier dieu pour les trespassez / ou marier pouures filles ᘔ faire autres oeuures pitoyables selon raison ᘔ conscience. Et si ledict seigneur prent des choses quart ny part/il encourra la malediction de nostre mere sainete eglise/ᘔ peines susdictes sans iamais auoir remission sil ne faict satisfaction.   Cest le iugement.

¶ Item si vne nauire se pert en frappãt a quelque coste ᘔ il aduient que les compaignons se cuydent eschapper ᘔ sauluer ᘔ viennent a la riue demy noyes pensent que aucune leur ayde/mais il aduient que aucunesfoys en beaucoup de lieux quil ya des gens inhumains ᘔ plus cruelz ᘔ felons que les chiens ᘔ loups enrages lesquelz meurtrissent ᘔ tuẽt les pouures patiens/ pour auoir leur argent ou vestemens et autres biens.

¶ Itelles manieres de gens doit prendre le seigneur du

Et eis nõ est mi serandũ vt puniantur in quo peccarũt tep. in l. si fugitiui.cũ glo. in vbo ãpu. amputato.ff.de seruis fugi· ᘔ C.de cõsul.auctẽ. oẽs peregri.ꝟii. q.ii. qui humanis ex tra de tempo. oꝛ c.literas.ᘔ c.im munitatẽ de im manita. ecclesie.

lieu/& en faire iustice & punition/tant en leurs corps que
en leurs biens/& doiuent estre mis en la mer & plonger
tant que soient demys mors/& puys les tirer dehors & les
lappider & assommer comme on feroit vn chien ou loup.
Et tel est le iugement.

¶ Item vne nauire vient en aucun lieu & veult entrer
en port ou en haure& elle met enseigne pour auoir vn pil
lote ou vn bateau pour la touer dedans/pce que le vent
ou maree est contraire/il aduient que ceulx qui sont
pour amener ladicte nauire ont faict marche pour le
pillotage ou touage/mais parce que en aucuns lieux la
mauldicte& damnable coustume court/sans raison/que
des nauires qui se perdent le seigneur du lieu en pret le
tiers ou quart & les saulueurs vn aultre tiers ou quart
& le demourant es maistres & marchans. Ces choses
considerees & pour estre aucunessoys en la bonne gra/
ce du seigneur & aussi pour auoir aucuns des biens de
ladicte nauire/comme villains traistres & desloyaulx/
menet ladicte nauire sus les pierres tout a leurs esciet
& de leurs certaines malices/& la font perdre ladicte
nauire & marchandise & feignent a secourir les poures
gens/ilz sont les premiers a desperer & rompre la nauire
& emporter la marchandise qui est vne chose contre dieu
& raison. Et pour estre les biens venuz en la maison du
seigneur ilz courent dire & annoncer la poure aduentu
re & perte des marchans. Et ainsi vient ledict seigneur
auecques ses gens& prent sa part des biens aduenturez
les saulueurs lautre part. Et le remenant demeure es
marchans/mais veu que cest contre le commandemet
de dieu omnipotent/nonobstant aucune coustume ou
ordonnace/il est dict& sententie que le seigneur/les saul
ueurs & aultres qui prendront aucunes choses desdictz
biens seront mauldictz & excommuniez& punis comme
latrons/comme dict est dessus.

Cest le iugement.

¶ Mais des faulx & desloyaulx traistres pillotes le iu
gement est tel quilz doibuent souffrir martyre cruelle
ment. Et doit son faire des gibbetz bien hault sur le lieu

propre ou ilz ont mis ladicte nauire/ou bien pres de la
z illecques doiuent les maufdictz pillotes finir honteu=
sement leurs iours. Et lon doit laisser lesdictz gibbetz
estre sus ledict lieu en memoire perpetuelle: z pour fai=
re ballise es aultres nauires qui la viendront.

Cest le iugement.

¶ Item siledict seigneur estoit si felon z si cruel / quil
souffriroit telles manieres de gens/ z les soustiendroit
z seroit pticipãt en leurs malices pour auoir les nauf=
frages: lors ledict seigneur doit estre prins / z tous ses
biens venduz/ z cõfisques en oeuures pitoyables pour
faire restitution a qui appartiendra. Et doit estre lye
a vne esteppe en meilleu de sa maison/ z puys on doit
mettre le feu es quatre cornietes de sa maison / z faire
tout brusler/ z les pierres des murailles getter par ter=
te: z la faire sa place z le marche pour vendre leurs
pourceaulx a iamais perpetuellement.

Cest le iugement.

¶ Item si vne nauire estant sur la mer ou a lancre en
quelque radde / z par grande tourmente quelle endure
il cõuient faire get pour alleger ladicte nauire z lon ge=
tte plusieurs biens hors pour soy sauluer.

¶ Sache que ces biens ainsi gettes hors sont a celluy
qui premier les pourra occuper z emporter. Mais il est
a entendre z scauoir que les marchans ou maistres et
mariniers/ aydãs getter lesdictes choses sans auoir espe
rance ne volunte de iamais les recouurer/ z laissent cõ=
me choses perdues z delaissees deulx / sans iamais en
faire poursuyte/ z ainsi le premier occupãt est seigneur
desdictes choses.　　　　### Cest le iugement.

¶ Item vne nauire a faict gect de plusieurs marchan=
dises/il est a presumer que ladicte marchandise est en
coffres/ lesquelz coffres sont fermes z boucles/ou bien
des kiutes lesquelz seroient bien fermes z enueloppes/
de paour quilz nendõmageassent en la mer/ lors celuy
q̃ a faict le dict gect a encores intention vouloir z esperã
ce de recouurir lesdices choses/ z par ce ceulx qui trou=
ueront ces choses/ sont tenuz a restitution a celluy qui en

l.qõã.ff.de hie q̃
not.infra z insti.
de fur. para.hit
glo.ij c.i-z ep.ð
off.cio z po.iuð.
ð ii.t. C.ð falmo
z Bart. î l.ne qð
ff. de incen rui
naufra.
i.q.vii. dispensa
tiões ppri.q. iiii
nõ solum.l. si q̃
cau.ff.z.l. qui les
uãde ad.l rodiã
Inst. de re.diui.
Para lapil. ric
iniiii.dist pv ff.
de fur. l. salsus.
Para. qui ali iã
num z Pat. se
quens Scot. ij
iiii. distinct. pv.
ii.q. vi. anterio
rũ mestue orz.
ep l.de vsuris.c.
cum su.

fera la pourfuytte/ou bien en faire des aulmofnes pour
Dieu toupte le confeil dun faige homme & difcret & fe
lon confcience.　　　　　　Ceft le iugement.

¶ Item fi aucun trouue en la mer/ou a larenne/ou ri
ue de la mer ou fleuue/ & riuiere / aucune chofe laquelle
iamais ne fut a quelque perfonne: cauoir eft come pier
res precieufes/poiffons / & herbes marines que lon ap
pelle Gaifmon/Cela appartient a celuy qui premier le
trouue & emporte.　　　　　　Ceft le iugement.

¶ Item touchant les poiffons gros & ayant lart/qui
viennet & font trouuez mors a la riue de la mer/il fault
auoir efgard a la couftume du pays. Car le feignr doit
auoir partie au defit de la couftume / la raifon eft bon
ne car le fubiect doit auoir obeiffance & tribut a fon fei
gneur.　　　　　　Ceft le iugement.

Item le feigneur doit prendre & auoir fa part defdictz
poiffons ou lart/& non en aultre poiffon/referue toutef
foys la bone couftume dudict pays/fus le lieu ou ledict
poiffon aura efte trouue.　　Et celuy qui la trouue neft
tenu finon de le faufuer & mettre hors de dangier de la
mer. Et incontinent le faire affauoir audict feigneur.
En le fommant & requerat quil vienne ou enuoye que
rir le droict a luy appartenant audict poiffon.
　　　　　　Ceft le iugement.

Item fi ledict feigneur veult/& auffi fil eft de couftume
il pourra faire apporter & amener a iceluy qui a trouue
ledict poiffon au lieu & a la place publicque/la ou on tiét
le marche & halle/& non ailleurs. Et la doit eftre ledict
poiffon/& mys a pris par ledict feigneur/ ou finuenteur
felon la couftume. Et le pris faict/celuy qui nauta faict
le pris/aura fon election de prendre ou de laiffer. Et fi
lun deulx pas fas ou nefas faict perdre a lautre la va
leur dun denier/il eft tenu a reftituer.
　　　　　　Ceft le iugement.

¶ Item fi les couftz & fraiz de lamenage dudit poiffon
iufques a ladicte place / feroient de plus grant fomme
que ne vauldroit le poiffon/lors ledict feigneur eft tenu
de prendre fa part fus le lieu.

Cest le iugement.

❡ Item esdictz fraiz ⁊ mises ledict seigneur doit escouter. Car ne doit pas enrichir de la perte ⁊ dõmage dautruy: aultrement il pecche.   Cest le iugement.

❡ Item si daduenture ledict poisson trouue est desrobe
ou perdu par quelque fortune/emptes que ledit seigñr
la visite ou aiūt/celuy qui la trouue nest en rien tenu.

Cest le iugement.

❡ Item eu toutes aultres choses trouuees a la coste
de la mer/lesquelles aultreffois ont este possedees par
creatures cõme vin/huille/⁊ aultres marchãdises. Et
cõbien quelles auroiēt este iectees/⁊ delaissees des mar
chans/⁊ quelles deuroient estre au premier occupant:
toutessois la coustume du pays doit estre gardee cõme
des poissons: mais sil ya presumption que ces choses
soient daucun nauire qui soit pery/rompu ⁊ sumerge:
lors le seigneur ny sinuenteur ne doiuent rien prendre
pour le retenir/mais doiuent faire cõme deuant est dict
Sauoir est en faire prier dieu pour les trespassez/⁊ au
tres biens spirituelz. Ou aultrement ilz encouront les
maledictions precedentes.   Cest le iugement.

❡ Item aucun nauire trouue en mer vn poisson o sart
il est totallement a ceulx qui le trouuēt/sil na poursuy
te ⁊ nul seigneur ny doit auoir ny prendre part/ cõbien
quon lapporte en sa terre.   Cest le iugement.

❡ Item si aucun va cherchant le long de la coste de la
mer pour trouuer or ou argent/ ⁊ il en trouue / il doibt
tout rendre sans rien prendre.   Cest le iugement.

❡ Item si aucun en allant le long de la riue de la mer
pour pescher ou autrement ⁊ il aduient quil trouue or
ou argēt/il est tenu a restitution/mais il se peult payer
de sa iournee ou bien sil est poure il peut retenir pour
luy Voyre sil ne scait a q̃ le rendre il doit faire assauoir
en lieu ou il a trouue ledict argent/⁊ es lieux circonuoi
sins ⁊ prochains/encores doit il prēdre conseil de son
prelat/de son cure/ou de son confesseur/lesquelz doiuēt
bien regarder ⁊ considerer sindigence ⁊ pauurete de cil
qui aura trouue ledict argent /⁊ la quantite dudict ar

cõmoda q̃ sens
tis iugas onus
emolumētis. ⁊
c. cũ scõm apos
tolus de pre. a
e3trario sensu
⁊ reg. q̃ sentit d
reg. iu. iŋ vi.

Nisi interuene
rit dolus. l. eux
duobus ff. pro
soci.
l. q̃ si. Para. q̃
assidua. ff. de e3
dil. e dicto ⁊ . c.
ex literis de cõ
suet. ⁊ c. iŋ hiis
ui. distinctio.
insti. de terū di
pt. Para i mul
tis. Para. thes
saurus. de re di
ui. insti. ⁊ l. nes
mo. c. de thesau
si. p. c. si quid
piiii. quest. v.
Hosti in sũma
Para. Que pe.
⁊ q̃ si q̃s inue
rit piiii. q. v.
Si q̃s inuenisti
ff de fur. l. fal.
Para q̃ astenū
ept. de ele c. Su
Sum p hostien.
Scot iŋ tiii. dis
stinct. p v.

gent τ luy conseiller selon dieu τ conscience.
Cest le iugement.

┌ Item si vne nef par force de temps est cõtraincte de coupper ses cables ou filletz par bout τ laisse cables τ ancres/τ faire la vie τ gre du vẽt:ses ancres τ cables ne doiuẽt estre perduz a laã nef. sil y auoit horpȳ ou bonneau. Et ceulx qui les pesch̃et sont tenuz de les rẽdre/silz sceuent a qui. Mais il doiuent estre payes de leurs peines/selon lesgard de iustice. Mais parce quon ne scait a qui les rendre/ le seigneur y prẽt sa part cõme les sauueurs τ nen font dire Pater noster/ny Aue maria/a quoy ilz ne sont tenuz. Et parce il a este ordõ ne que vȳ chascun maistre de nauire/aye a mettre τ fai re engrauer dessus les horpns τ Bonneaup de sa naui re son nom/ou de ladicte nauire/τ du port τ haure dont il est. Et cela engardera de damner beaucoup dames:τ sera grãt proffit a plusieurs. Car tel a laisse son ancre au matȳ qui se pourra recouurer au soir. Et ceulx qui le rettendront seront larrons τ pirates.
Cest le iugement.

┌ Item generallement si aucune nef par cas daucune fortune se rompt τ pert:tãt le bris que les aultres biẽs de ladicte nef doiuẽt estre reseruez τ gardez a ceulx a qui ilz appartenoient auant le nauffrage/ cessant tou͞ te coustume contraire. Et tous participans prenãs τ consentans oudict naurage/silz sont Euesques/ou pre latz/ou clercs/ilz doiuẽt estre deposez de leurs offices/ τ priuez de leurs benefices. Et silz soãt layz ilz encou͞ ront les peines susdictes.

┌ Item les choses precedentes se doibuent entendre si ladite nef ne exercoit le mestier de pillerie/que ses gẽs dicelle ne sussent point Pyrates/ou escumeurs de mer ou bien ennemis de nostre saincte foy catholicque. Car a lors silz sont pyrates/pilleurs/ou escumeurs de mer ou turcs τ aultres contraires τ ennemys de nostre saincte saincte foy catholicque chascun peult prendre sur telles manieres de gens comme sus chiens. Et peult lon les desrober τ spolier de leurs biens sans pugnitiõ.

Left margin (Latin glosses):

ff aã.l chodi.de tact l. qui alle/ uiãde τ ibi not. ī gl. τ ista non possunt vsu ca/ pi.quia inris de ficit lit. p dereli cto. ãt ī l.si q̃s mercis ff pro de relicto. Hostien. tap.τ sco. vt f.i.

De accu.c.Dise ti. cum glo. in verbo eĩs. ept. vt ī cõstitutio/ ne noua federici aã decus τ hono imperii. Para. nauiga. τ ibi ī glos.
┌ep. ī acten. nauigia de fur. L.τ ibi dicit bal per multa iura ꝗ tales pirate sunt ipso iure ꝺi fikati τ possunt a quolibet impu ne derobari.hoc tenet Iason. ī Para. Rursus. ī ult.ãe actio nu mero pl.vi. τ pl.vii.

de la Mer.
Cest le iugement.

☞ Les choses precedentes sont extraictes du tresutille et profitable
Roolle Dolopton/par ledict Pierre Garcie alias Ferrande.

Sensuyt la maniere et facon comme vn chascun marinier pourra
scauoir et trouuer les festes mobiles/par chascune annee/ Scauoir
est Pasques/les Rogatios/ Ascention/ Penthecoste/ La feste dieu
qui est le sacre/et Laduent.   Premierement.

I l est tout certain et notoire que mariniers vont en plusieurs et
maintes contrees/et regions estranges Comme en Bortunye/
Turquye/Barbarye/en Egypte petite et grande/es Terres
neufues/es Isles trouuees/es Isles de Madere/ Et Isles Nouante/es
fins et termes des haultes Almaignes/et es terres du prestre Iehan.
Esquelz lieux ne peuuent scauoir les poures Chrestiens le iour des fe
stes susdictes/parce que ne sont que mescreans/et sarrazins/et ennemis
de nostre foy catholicque. Et pour induyre a deuotion lesd Chrestiés/
estans hors de leurs regions es parties longtaines/cõme dict est/ iay
voulu monstrer les iours principaulx de lannee/ pour seruir / prier/et
honnorer Dieu. Et soy retourner par penitence et contrition a dieu no
stre createur / cil qui pour nous rachapter a prins mort et passion entre
deux larrons en la croix/ Cest le doulx Iesus/lequel a prins chair hu
maine on ventre glorieux de la tressacree vierge Marie. Laquelle en
fanta a lheure de minuict/et fut le dimãche. Combien quen icelluy tẽps
les iours nommes ainsi quilz sont maintenant. Et fut le xxv. iour du
moys de Decembre. Et ya de temps puys quil nasquit iusqs a ceste an
nee.Ⓜ. D. et xx. ans. Et pour bien scauoir lesd iours qui sont les fe
stes mobiles/il fault scauoir quel nombre dor son court en chascũ an.
Et pour bien scauoir et trouuer ledict nombre dor/il fault scauoir pren
dre les ans depuys lincarnation de nostre seigneur Iesus / iusques a
lannee en laquelle on veult scauoir quel nombre dor on courra/et iceulx
ans diuiser et departir par dixneuf et dixneuf / et autant dans quil de
mourra au dessus xix. auant courrons par nombre dor.
Mais il fault adiouster le nombre dung sus les ans de ladicte incarna
tion nostre seigneur.

☞ Exemple/   Prens ceste presente annee en laquelle courrons mil
cinq cens et vingt. Si tu veulx scauoir le nõbre dor que courrons en ce
ste dicte annee/il te fault diuiser le nõbre susd par dixneuf et dixneuf / et
adiouster vn sur le tout et ce qui demourra sera le nõbre dor de ceste an

nee.Diuise mil/il en demourra pii.de ctnq cens/il en demourra sip/t se=
ront dipbuict/t puis bingt sont ppp biii.Prens ces p pp biii.t les di=
uise par dipneuf/il ne te demourra rien/mais il fault adiouster bn sus
les d nôbre.Et ce nombre dun le demourra/qui sera ton nôbre dor en tou
te ceste annee/t ainsi feras des autres annees a iamais perpetuellemêt
Et sache que nombre dor nepcede point pip.t quant auras dipneuf/il
fault recommencer a bn côme ceste annee car lannee passee auons eu
bi.t parce note cecy car autremêt iamais ne pourrois scauoir ny trou
uer lesd festes mobilles.Sache doncques bien trouuer le nombre dor
t la feste de Noel/qui est tousiours le ppb.iour de Decembre côme dict
est.Et fault scauoir le nom des moys /t le nombre t ya douze moys.

Hensuyt les noms t nombre des moys de lan/t quant
iours chascun a.   Et premierement.

Mois	Nombre de jours
Januier	pppi.
Feburier	ppbiii.t lan de bissepte ppip.
Mars	pppi.iour
Apuril	ppp.
May	pppi.
Juing	ppp.iours
Juillet	pppi.
Aoust	pppi.
Septembre	ppp
Octobre	pppi.
Nouembre	ppp.
Decembre	pppi.

Sache que le nombre dor commance a la natiuite nostre sei=
gneur.Et aussi pour trouuer lesdictes festes il fault comman=
cer a ladicte feste de Noel.   Et premierement.

Il est bien connenable chose/t necessaire scauoir trouuer la Qua=
dragesime/ou le Caresme.Cestassauoir le pmier dimâche de Caresme
que lon appelle les brâdons/Et parce quant on parlera des brandôs
entens le premier dimanche de Caresme:car si lappelle ainsi les brâdôs
t quant tu scauras bien trouuer ce dimanche:tu trouueras bien facille=
men les autres festes mobiles/qui sont tousiours se dimanche/epcepte
les Rogations/Ascention/t la Feste du sacre:côme boyrras cy apres.

Pour trouuer les Brâdôs/q est le premier dimâche de Caresme.
Parce que beaucoup de gens sont curieup t beullent scauoir /t cest
bien raison/quantes sepmaines il ya en chascun an de charnau /entre

Noel & ledict caresme:Iay voulu clerement le demonstrer par dixneuf
dictions ou motz. Lesquelz motz seruiront chascun en son annee/selon
le cours du nõbre dor. Car il nya que dixneuf annees du nombre dor:
& aussi nya que dixneuf dictions ou motz / dont la premiere diction ou
mot seruira au premier nombre dor/qui sera cõme ceste annee mil cinq
cens vingt. La seconde diction seruira au second nõbre dor/q sera deux
Et ainsi des aultres comme verras en apres & facillement pourras cognoistre la maniere & facon de praticquer ces choses: car sur chascune
diction sera le nombre dor auql elle seruira pour lannee dud nõbre dor.

Sensuyt les motz & dictions pour scauoir les sepmaines & les
iours/qui sont entre Noel & le premier dimanche de Caresme.

Le nombre dor.	dict les Brandons. Le premier mot.		sepmaines.
i	Sanctorum	ix	sepmaines.
ii	Sanctus	viii.	sepmaines.
iii	Benedictus	x.	sepmaines.
iiii	Applicat	viii.	sepmaines.
v	Astris	xi.	sepmaines.
vi	Principio	ix.	sepmaines.
vii	Dominans	viii.	sepmaines.
viii	Venerabilis	xi.	sepmaines.
ix	Imperiosus	x.	sepmaines.
x	Imperat	vii.	sepmaines.
xi	Omnipotens	x.	sepmaines.
xii	Sathanam	viii.	sepmaines.
xiii	Reprobans	ix.	sepmaines.
xiiii	Maledictum	x.	sepmaines.
xv	Commotus	viii.	sepmaines.
xvi	Deniet	xi.	sepmaines.
xvii	Reprobans	ix	sepmaines.
xviii	Reprobat	viii.	sepmaines.
xix	Reprobendos	xi.	sepmaines.

¶ Pour la praticque de ces motz & dictiõs entiẽbre/il faut cõpter autãt
de sepmaines/comme il ya des lettres en chascun mot dessus escript. Et
fault commancer sus le iour de Noel a cõpter/mais il est a noter q quãt
Noel arriue sus le dimanche/cõme ceste annee/il ne fault pas comman
cer a cõpter sus ledict iour de Noel: mais sus le dimanche ensuyuant.
qui est le premier iour de lan. Et es aultres annees il fault compter sus

ledict iour de Noel/tant en lannee du bissepte que aultrement:et cest cho
se infallible et perpetuelle sans variation.   Epemple.

¶En ceste annee psãte mil cinq cens et vingt/nous courrons vn pour
nombre dor/qui est le premier nõbre. Et aussi auons la premiere dictiõ
qui est Sanctorum.Or prens et compte toutes les lettres dudict mot et
diction Sanctorum:et tu en trouueras neuf scauoir est/ Sanctorum:
Compte donques neuf sepmaines/et commance a cõpter sus le premier
iour de Januier vne sepmaine. Et sus le huyctiesme iour ensupuãt ij.
sepmaines:et ainsi iusques a ix.sepmaines et ainsi tu trouueras quil au
ra les neuf sepmaines sans faulte/de Noel iusqs au premier dimanche
de Caresme.   Epemple de lannee qui vient.

¶En lan prochain courrons mil cinq cens vingt et vn/et aurõs deux
pour nombre dor:et pareilement aurons la secõde dictiõ qui est Sanc
ctus.Prens doncques et cõpte les lettres dudict Sanctus:et tu en trou
ueras sept. Scauoir est S A N C T V S. Et parce cõpte sept sep
maines depuis Noel iusques audict premier dimanche de Caresme. Et
cõmance a cõpter sus ledict iour de Noel/q sera le mardy.Et ainsi trou
ueras sept sepmaines entieres/et trois iours:mais des iours il nest pas
grãde question:car facillemẽt quãt scauras les sepmaines/tu scauras
bien quãt iours il y aura dauãtage.Et aisi feras tu des autres annees
aduenir/et ne fauldras point car cest chose seure et certaine. Et te souf
fist de ce pour trouuer les grandõs:cest a dire le i.dimanche de Caresme

Sensuyt pour trouuer la Septuagesime: est a dire le iour on
quel on pert et delaisse Alleluya:et le nopsail.

Si tu as trouue le premier dimanche de Caresme facillemẽt trou
neras le dimanche de la Septuagesime: en ceste maniere.

Compte trois dimanches precedans le dimanche de Caresme/
sans compter ledict dimanche de Caresme:et le tiers sera ladicte Sep
tuagesime.Car le prochain du Caresme sappelle Quinquagesime.Lau
tre Sexagesime:et le tiers Septuagesime.Et cest la ou lon delaisse Al
leluya/et de faire nopses.Et sachez certainement ql y a tousiours trois
sepmaines entieres depuys la septuagesime iusques audict premier di
manche de Caresme. Et ainsi si tu scais quant sepmaines il ya depuys
Noel/iusques audict premier dimanche de Caresme:tu scauras cõbien
il y aura iusques a la Septuagesime:car ilen fault oster trois sepmai
nes entieres et non plus.   ¶Pour trouuer Pasques.
¶Sache que depuys le premier dimanche de Caresme/iusques a Pas
ques/ya tousiours six sepmaines toutes entieres.   Des Rogations.

¶ Depuys Pasques iusques es Rogations / ya cinq sepmaines ç vij
iour sans faillir.   La scention.
¶ Lascention est tousiours le ieudy / apres les Rogations.

La Penthecoste,

¶ Cinquante iours apres Pasques est la Penthecoste / ledict iour de
Pasques compte: qui sont sept sepmaines en tout. ¶ Le premier diman
che apres la Penthecoste / cest le dimanche Roy / ou de la Trinite.
¶ Et le ieudy apres la Feste dieu / ou le Sacre. Et ya douze iours de
la Penthecoste / ledict iour de Penthecoste compte.

Sensuyt pour trouuer Laduent.

¶ Si veulx trouuer le commancement de Laduent / tu doys scauoir q
le prochain dimache de la feste sainct Andre auãt ou apres cõmãce tou
iours Laduent / ç premier dimanche / excepte quant lad feste sainct An
dre vient au dimanche. Car ce mesme iour cõmence laduent. Et sil ar
riue le lundi / mardi / mercredy / ce sera le dimanche precedant. Mais si
ladicte feste arriue le ieudy / vendredy / ç sabmedy : Le dimanche suy
uant sera Laduent.

Sensuyt vne autre maniere pour plus facillement trouuer la fe
ste de Pasques / a iamais perpetuellement / sans errer ne faillir /
qui est sans compost.   Et premierement.

EN lannee que courrons vij pour nombre dor / Pasques seront
tousiours le premier dimanche / aps le cinquiesme iour Dauril.
¶ Quant courrons deup pour nõbre dor. Pasques seront tousi
iours / le premier dimanche apres Lanunciation Nostre dame : qui est
le vingt cinquiesme iour de Mars.   ¶ Quant courrons trois / Pas
ques seront le premier dimanche / apres le treziesme iour Dauril.
Quant aurons pour nombre dor quatre / Pasques seront le prochain
dimanche aps le tiers iour Dauril.   ¶ Quant aurons cinq pour nõ
bre dor / Pasqs serõt le premier dimãche apres le ppii. de Mars.
Quant courrons sip. Pasques seront le dimãche aps le v. iour Dauril.
Quant aurons sept / Pasques seront apres le premier dimãche dapres
le ppp. iour de Mars.   Quant courrons huict / Pasques serõt apres
le pip. iour Dauril.   Quant courrons neuf / Pasques seront le pro
chain dimanche apres le vii. iour Dauril.   Quant coutons dip / Pas
ques seront le prochain dimanche apres le ppiiii. iour de Mars.
Quant courrons vnze / Pasques seront le prochain dimanche apres le
pv. iour Dauril.   Quant courrons douze / Pasques seront le pro
chain dimanche aps le quart iour Dauril.   Quant courrons treze /

Pasques seront apres le ppѵ.de Mars.   Quant courrons quatorze
Psques seront apres le ppii iour Dauril.   Quant courrons quinze/
Pasques seront apres le premier iour Dauril.   Quant courrons seiz
ze/Pasques seront apres le ppi. Dauril.   Quant courrons dipsept
Pasques seront apѕ le tѵ.Dauril.   Quant courrons dipħuict/Paѕ
qꙇes seront apres le ppip.iour de Mars.   Quant courrons dipneuf.
Pasques seront le prochain dim̃ iċħe apѕ le dipseptiesme iour Dauril
        ¶ Notez que les iours susdictz sont epclus tousiours/τc.
                Sensupt le terme de Pasques.

        Otte que Pasq̃s sont tousiours en Mars/ou en Auril/τ ne scau
N   roient Pasques esttes plus bas/que le ppii.iour de Mars /car
    elle ne pourroient estre le ppiii.plus bas. Aussi ne scauroiёt estre
plus haultes/que le iour sainct Marc qui est le ppѵ.iour Dauril. Et
ne scauroient estre le ѵingtsiziesme ne ѵingtseptiesme ne plus hault.
                Sensupt le terme de la Septuagesime.

        Acħe que la Septuagesime est tousiours en Januier/ou en Fe
S   urier. Et ne scauroit estre plus basse que le lendemain de sainct
    Antħoine/qui est le pѵiii.de Januier/τ ne porrroit estre le iour
S Antħoine/au plus bas. Aussi elle ne scauroit estre plus hault q̃ la ѵi
gile de la cħaise sainct Pierre/ qui est le ppi iour de Feurier. Et elle ne
pourroit estre le iour sainct Pierre/ne plus hault.
                De la Quabragesime.

        A Quabragesime est tousiours en Feurier/ou en Mars τ ne scau
L   roit estre auãt le ѵiii.iour de Feurier/mais elle pourra bien estre
    le ѵiii.τ plus hault/mais non plus bas.   Aussi elle ne scauroit
estre apѕ le quatorziesme iour de Mars: mais elle poura estre le piiii.
iour τ non plus hault.   Sensupt des Rogations.

¶ Les Rogations sont tousiours en Auril/ou en May/τ ne scauroiёt
estre plus bas que le lendemain de sainct Marc. Car il ne sont iamais
le iour sainct Marc/ne plus bas. Aussi ilz ne scauroiёt estre plus hault
que le trentiesme iour de May. Et ne scauroient estre le dernier iour ny
plus hault.   Sensupt de la Pentħecoste.

¶ La Pentħecoste est tousiours en May / ou en Iuing /τ ne scauroit
estre auant le dipiesme iour de May. Et ne peult estre apres le ѵiii.
de Iuing. Mais elle peult estre le treziesme iour/τ non plus hault.
                Finis.

[illegible]